CARRÉMENT
CUISINE

DÉJEUNER AU BOULOT

hachette
CUISINE

INTRODUCTION

Ce livre, ce sont 100 recettes goûtées et approuvées, variées et simples à préparer avec des ingrédients faciles à trouver... la base de tout bon livre de cuisine !

Fini le manque d'inspiration au moment du choix de votre recette. **Les chapitres du livre ont été pensés en fonction des types de plats**, tous à apporter au travail. Il ne vous reste plus qu'à faire votre choix, à préparer et à déguster !

Les 100 « Déjeuners au boulot », ce sont :

Et dès l'ouverture de ce livre, **le sommaire illustré** vous fait débuter le plaisir de cuisine.

SOMMAIRE

1 SALADES

2 SANDWICHS ET LUNCH BOX

3 BENTOS

5 MICRO-ONDES

6 DESSERTS ET PAUSES SUCRÉES

1
SALADES

SALADE DE PÂTES À L'ITALIENNE

Pour 4 personnes
15 min de préparation
10 min de cuisson

MATÉRIEL
Mixeur

INGRÉDIENTS : 300 g de pâtes de petit format (farfalle, penne...) • 250 g de tomates cerise • 100 g de tomates confites à l'huile • 100 g d'artichauts confits à l'huile • 3 cuil. à soupe de câpres • 4 poignées de roquette • 125 g de billes de mozzarella • 2 cuil. à soupe de vinaigre balsamique • 3 cuil. à soupe de pignons de pin • 3 tranches fines de jambon cru de Parme • 50 g de copeaux de parmesan **Pour la sauce :** ½ bouquet de basilic • 1 gousse d'ail • 5 cl d'huile d'olive (récupérée dans les bocaux de légumes) • Sel, poivre

1. Mettez à chauffer un grand volume d'eau salée dans une grande casserole.

2. Préparez la sauce. Lavez et effeuillez le basilic. Épluchez l'ail. Mixez le basilic avec l'ail, l'huile d'olive, du sel et du poivre jusqu'à obtenir la consistance d'un pesto assez fluide. Réservez.

3. Faites cuire les pâtes *al dente* dans l'eau bouillante salée. Coupez les tomates cerise en deux. Faites de même avec les tomates confites et les artichauts. Égouttez les pâtes, rafraîchissez-les sous l'eau froide.

4. Dans un saladier, mélangez les légumes avec les câpres et la roquette. Ajoutez les pâtes et les billes de mozzarella. Versez la sauce au basilic et le vinaigre balsamique par-dessus, puis mélangez-bien.

5. Faites torréfier les pignons de pin dans une poêle à sec jusqu'à ce qu'ils soient dorés. Ajoutez-les ainsi que le jambon effiloché et les copeaux de parmesan dans le saladier et servez.

TRUITE ET ORECCHIETTE AUX LÉGUMES FRAIS

Pour 4 personnes
15 min de préparation
9 min de cuisson

MATÉRIEL
Mixeur

INGRÉDIENTS : 240 g d'orecchiette • 200 g de pavés de truite • 1 l de fumet de poisson • ½ fenouil • ½ concombre • 12 tomates cerise • 4 branches de coriandre • 4 cuil. à soupe de graines de courgette et de tournesol **Pour la sauce :** 4 cuil. à soupe de purée de noix de cajou • Le jus de 1 citron • Sel, poivre

1. Faites cuire les pâtes *al dente* comme indiqué sur le paquet.

2. Faites pocher la truite pendant 5 min dans le fumet de poisson.

3. Lavez et séchez le fenouil, le concombre et les tomates cerise. Coupez les tomates en deux. À l'aide d'une mandoline, détaillez le fenouil et le concombre en fines lamelles.

4. Faites torréfier les graines de courge et de tournesol pendant quelques minutes à sec dans une poêle très chaude.

5. Mélangez tous les ingrédients dans un saladier et parsemez de coriandre lavée, séchée et ciselée.

6. Préparez la sauce en mélangeant la purée de noix de cajou et le jus de citron avec 7 cl d'eau, le sel et le poivre. À l'aide d'un mixeur plongeant, émulsionnez le mélange. Servez la salade froide avec la sauce à part.

LINGUINI, PESTO DE MÂCHE ET ÉCREVISSES

Pour 4 personnes
30 min de préparation
9 min de cuisson

MATÉRIEL
Blender

INGRÉDIENTS : 280 g de linguini • 100 g de mâche • ½ gousse d'ail • 30 g de parmesan • 30 g de pignons torréfiés • 60 cl d'huile d'olive • 8 radis • 120 g de queues d'écrevisses cuites et décortiquées • Sel, poivre

1. Faites cuire les linguini *al dente* comme indiqué sur le paquet (environ 9 min).

2. Pendant la cuisson des pâtes, réalisez le pesto de mâche : lavez et séchez la mâche. Épluchez la demi-gousse d'ail.

3. Dans un blender, mixez ensemble 80 g de mâche, l'ail, le parmesan, les pignons et l'huile d'olive.

4. Lavez et séchez les radis. Détaillez-les en fines rondelles à l'aide d'une mandoline.

5. Égouttez les linguini et refroidissez-les en les passant sous l'eau fraîche.

6. Mélangez les linguini, le pesto de mâche, les queues d'écrevisses et la mâche restante. Salez, poivrez et parsemez de lamelles de radis.

SALADE DE PÂTES PRIMAVERA

Pour 4 personnes
15 min de préparation
9 min de cuisson

INGRÉDIENTS : 280 g de spaghetti • 120 g de haricots verts extra-fins • 1 gousse d'ail • ½ citron beldi • 40 g de pignons de pin • 60 g de petits pois crus • 1 courgette • 10 feuilles de basilic
Pour la vinaigrette : 4 cuil. à soupe d'huile d'olive • 2 cuil. à soupe de vinaigre de xérès • Sel, poivre

1. Faites cuire les spaghettis *al dente* comme indiqué sur le paquet. Égouttez-les et refroidissez-les en les passant sous l'eau fraîche.

2. Dans une casserole, portez de l'eau salée à ébullition. Faites cuire les haricots verts pendant 7 min et refroidissez-les.

3. Épluchez la gousse d'ail et ciselez-la finement. Détaillez le demi-citron beldi en petits dés.

4. Dans une poêle très chaude, faites torréfier les pignons de pin pendant 2 min à sec en surveillant bien.

5. Lavez et séchez la courgette. Détaillez-la en fins filaments. Préparez la vinaigrette en mélangeant l'huile d'olive, le vinaigre de xérès, le sel et le poivre. Emulsionnez bien.

6. Mélangez tous les ingrédients. Arrosez de vinaigrette. Parsemez de basilic lavé, séché et ciselé.

SALADE À LA MEXICAINE

Pour 4 personnes
30 min de préparation
15 min de cuisson

INGRÉDIENTS : 150 g de riz long grain étuvé • 1 petite boîte de 280 g de maïs en grains égouttés • 250 g de haricots rouges égouttés • 250 g de tomates cerise • 1 poivron rouge • 1 poivron vert • 1 oignon rouge • 2 avocats • ½ bouquet de coriandre fraîche **Pour la sauce :** 10 cl d'huile d'olive • Le jus de 1 citron vert • 1 cuil. à café de cumin en poudre • 1 cuil. à soupe de paprika • Quelques gouttes de Tabasco® (selon votre goût) • Sel, poivre

1. Faites cuire le riz pendant 15 min dans une grande quantité d'eau bouillante salée. Égouttez-le et rafraîchissez-le en le passant sous un filet d'eau froide.

2. Dans un saladier, mélangez le maïs et les haricots rouges préalablement rincés et égouttés. Coupez les tomates cerise en deux, émincez finement les poivrons. Épluchez et émincez finement l'oignon rouge. Épluchez les avocats et coupez leur chair en lamelles. Mélangez tous ces ingrédients dans le saladier, puis ajoutez le riz refroidi.

3. Préparez la sauce en mélangeant tous les ingrédients. Versez-la sur la salade et mélangez délicatement. Effeuillez la coriandre et parsemez-en la salade juste avant de servir.

PÂTES COMPLÈTES AU MELON ET À LA FETA

Pour 4 personnes
20 min de préparation
10 à 12 min de cuisson

INGRÉDIENTS : 280 g de pâtes complètes • 1 petit concombre • 1 melon • 200 g de feta • 10 feuilles de menthe • 10 feuilles de basilic • ½ ciabatta • 2 cuil. à soupe d'huile d'olive • 1 petite gousse d'ail **Pour la vinaigrette :** 6 cuil. à soupe d'huile d'olive • 3 cuil. à soupe de vinaigre balsamique blanc • Sel, poivre

1. Faites cuire les pâtes *al dente* comme indiqué sur le paquet (10 à 12 min environ).

2. Lavez le concombre. À l'aide d'une mandoline, détaillez-le en tagliatelles. Déposez-les dans une passoire avec un peu de sel pour les faire dégorger.

3. Épluchez le melon, retirez les pépins et détaillez-le en petites billes à l'aide d'une cuillère parisienne. Coupez la feta en petits dés. Lavez les feuilles de menthe et de basilic, séchez-les et ciselez-les.

4. Préparez la vinaigrette en mélangeant l'huile d'olive, le vinaigre balsamique blanc, le sel et le poivre. Émulsionnez bien. Égouttez les pâtes et laissez-les refroidir.

5. Coupez la ciabatta en fines tranches. À l'aide d'un pinceau, badigeonnez les tranches avec un peu d'huile d'olive. Faites-les dorer pendant quelques minutes dans une grande poêle ou sous le gril du four, puis frottez-les à l'ail.

6. Mélangez tous les ingrédients dans un saladier. Arrosez de vinaigrette. Servez avec les tranches de ciabatta.

SALADE DE QUINOA ET TOFU AUX HERBES

Pour 2 personnes
20 min de préparation
20 min de cuisson

INGRÉDIENTS : 1 verre de quinoa • 6 radis • 1 avocat • 1 cuil. à café de jus de citron • 70 g de feta • 100 g de tofu aux herbes • 1 oignon frais • 3 feuilles de menthe • ½ botte de persil frais **Pour la vinaigrette :** 1 cuil. à café de moutarde à l'ancienne • 1 cuil. à soupe d'huile de noix • 1 cuil. à soupe d'huile d'olive • 2 cuil. à soupe de vinaigre de cidre • Sel, poivre

1. Dans une casserole, faites cuire le quinoa comme indiqué sur le paquet. Passez-le sous l'eau fraîche pour stopper la cuisson et le refroidir. Réservez.

2. Lavez et taillez en lanières les radis, épluchez l'avocat, détaillez-le en dés et arrosez-le de jus de citron ; découpez en dés la feta, puis le tofu aux herbes. Pelez et émincez l'oignon. Ciselez les herbes.

3. Dans un saladier, préparez la vinaigrette : mélangez la moutarde, les huiles, le vinaigre puis salez et poivrez. Ajoutez le quinoa, les radis, l'avocat, la feta, le tofu aux herbes, l'oignon, la menthe et le persil.

4. Servez frais avec du pain.

INFO NUTRITION

Le quinoa est une « pseudo-céréale » qui ne contient pas de gluten. Il est riche en protéines (4,4 g pour 100 g cuit) et en fibres (2,8 g pour 100 g cuit).

POIS CHICHES CROUSTILLANTS, FÈVES ET LABNEH

Pour 4 personnes
20 min de préparation
30 min de cuisson

INGRÉDIENTS : 125 g de pois chiches déjà cuits • 1 cuil. à soupe d'huile d'olive + 1 filet pour le dressage • 3 cuil. à soupe d'épices de type *ras-el-hanout* • 600 g de fèves • 16 tomates cerise • 4 petites branches de menthe • 8 dattes type medjool • 100 g de labneh • 1 cuil. à soupe de cumin en grains • 4 pains pitas libanais • Sel, poivre

1. Préchauffez le four à 200 °C (th. 6-7). Égouttez les pois chiches. Mélangez-les avec l'huile d'olive et 2 cuil. à soupe de *ras-el-hanout* (ou autres épices de votre choix). Salez et poivrez.

2. Déposez les pois chiches sur une plaque de cuisson recouverte de papier sulfurisé et enfournez pour 30 min.

3. Faites cuire les fèves pendant 6 min dans de l'eau frémissante. Égouttez-les, passez-les sous l'eau froide pour stopper la cuisson. Pelez-les.

4. Lavez et séchez les tomates cerise et la menthe. Coupez les tomates en quatre et ciselez finement la menthe. Coupez les dattes en deux, retirez les noyaux.

5. Mélangez le labneh avec le *ras-el-hanout* (ou une autre épice de votre choix) restant et le cumin en grains.

6. Mélangez tous les ingrédients dans un saladier. Arrosez d'huile d'olive et ajoutez 1 grosse quenelle de labneh aux épices par personne. Servez avec les pains pitas.

PÊCHES, HALLOUMI ET AMANDES

Pour 4 personnes
15 min de préparation
5 min de cuisson

INGRÉDIENTS : 2 pêches • 100 g de mesclun • 250 g d'halloumi • 4 branches de coriandre • 40 g d'amandes torréfiées • 40 g de noisettes torréfiées • 12 tranches de coppa • 4 cuil. à soupe de salade « granola » (mélange de graines de courges, graines de tournesol et cranberries, en magasin bio ou maison) **Pour la vinaigrette :** 6 cuil. à soupe d'huile de colza • 3 cuil. à soupe de vinaigre balsamique blanc • Sel, poivre

1. Épluchez les pêches, ôtez les noyaux. Coupez-les en six. Rincez le musclun et séchez-le bien.

2. Coupez l'halloumi en tranches, puis recoupez chaque tranche en deux.

3. Dans une poêle très chaude, faites griller l'halloumi pendant 4 à 5 min en le retournant à mi-cuisson.

4. Concassez grossièrement les amandes et les noisettes torréfiées. Lavez et effeuillez la coriandre, réservez-la.

5. Préparez la vinaigrette en mélangeant l'huile de colza et le vinaigre balsamique blanc, le sel et le poivre. Émulsionnez bien.

6. Mélangez les morceaux de pêche, l'halloumi, les amandes, les noisettes et la coppa. Arrosez de vinaigrette. Parsemez de salade « granola » et de coriandre. Rectifiez l'assaisonnement si nécessaire.

AMORA

SALADE NIÇOISE

Pour 4 personnes
15 min de préparation
20 min de cuisson

INGRÉDIENTS : 1 laitue • 4 tomates • 1 poivron vert • 1 oignon rouge • 4 filets d'anchois à l'huile • 1 boîte de 180 g de thon à l'huile d'olive • 50 g d'olives noires • 2 cuil. à soupe de câpres • Huile d'olive • Vinaigre de vin • Sel, poivre

1. Lavez la salade, les tomates et le poivron vert. Coupez la salade en chiffonnade, les tomates en quartiers et émincez le poivron. Épluchez et détaillez l'oignon en lamelles fines. Disposez-les harmonieusement sur les assiettes de service.

2. Découpez les filets d'anchois en petits morceaux. Répartissez le thon émietté, les filets d'anchois, les olives et les câpres sur les légumes. Arrosez d'un léger filet d'huile d'olive : le thon en contient déjà. Ajoutez un peu de vinaigre de vin, puis salez et poivrez.

VARIANTES

Vous pouvez compléter la salade avec des œufs durs, ou les utiliser pour remplacer le thon.
La vraie salade niçoise ne contient ni riz, ni pommes de terre, ni haricots verts, mais toutes les variantes sont possibles.

TABOULÉ DE CHOU FLEUR ET DE BROCOLI

Pour 4 personnes
15 min de préparation
1 h de repos

INGRÉDIENTS : 200 g de chou-fleur • 200 g de brocoli • 40 g d'amandes • 40 g de noisettes • 200 g de feta • 4 branches de menthe • 4 branches de coriandre • 40 g de cranberries • 2 citrons verts • 4 cuil. à soupe d'huile d'olive

1. À l'aide d'un couteau, hachez le chou-fleur et le brocoli jusqu'à l'obtention d'une semoule fine.

2. Faites torréfier les amandes et les noisettes pendant 5 min à sec dans une poêle très chaude en surveillant bien.

3. Émiettez la feta. Lavez, séchez et effeuillez la menthe et la coriandre.

4. Râpez finement le zeste de 1 citron vert et pressez les 2 citrons pour en récupérer le jus. Mélangez-le avec l'huile d'olive.

5. Mélangez tous les ingrédients dans un saladier. Laissez reposer au frais pendant 1 h avant de servir.

POITRINE FUMÉE, POIS CHICHES ET OIGNONS ROUGES

Pour 4 personnes
10 min de préparation
12 h de trempage
50 min de cuisson

INGRÉDIENTS : 200 g de pois chiches secs • 2 oignons rouges • 1 cuil. à café de paprika • 1 cuil. à café de cumin en grains (ou en poudre) • 3 cuil. à soupe d'huile d'olive • 4 tranches fines de poitrine fumée • ½ botte de ciboulette • 1 cuil. à soupe de vinaigre de vin • Sel, poivre

1. La veille, mettez les pois chiches à tremper pour 12 h pour les réhydrater. Le jour même, faites-les cuire dans de l'eau bouillante non salée pendant 40 min pour qu'ils soient tendres. Égouttez-les et versez-les dans un saladier.

2. Épluchez les oignons rouges et détaillez-les en lamelles. Faites-les rissoler à la poêle, avec 1 cuillère à soupe d'huile, jusqu'à ce qu'ils soient tendres, voire un peu dorés. Salez et poivrez, puis saupoudrez de paprika et de cumin. Ajoutez-les aux pois chiches, dans le saladier.

3. Faites griller la poitrine fumée dans une poêle antiadhésive jusqu'à ce qu'elle soit bien dorée et croustillante. Détaillez-la en lanières et ajoutez-les dans le saladier.

4. Ciselez la ciboulette et versez-la dans la salade. Assaisonnez le tout avec le reste d'huile, le vinaigre, du sel et du poivre. Dégustez à température ambiante.

ASTUCE

Vous pouvez utiliser des pois chiches en conserve (environ 400 g cuits), il est alors inutile de les faire tremper et de les faire cuire au préalable. Égouttez-les et rincez-les, puis reprenez à l'étape 2.

TAGLIATELLES DE MELON, FIGUES ET JAMBON

Pour 4 personnes
20 min de préparation
3 à 4 min de cuisson

INGRÉDIENTS : ½ melon charentais • ½ melon vert • 6 figues • 100 g de chiffonnade de jambon • 40 g de pignons de pin • 40 g de copeaux de parmesan • 4 à 6 cuil. à soupe de pesto • 10 feuilles de basilic • Sel, poivre

1. Épluchez les melons, retirez les graines et, à l'aide d'une mandoline, détaillez les melons en fines tagliatelles.

2. Dans une poêle très chaude, faites dorer les pignons pendant 3 à 4 min.

3. Lavez et séchez les figues, puis coupez-les en quatre. Disposez joliment les tagliatelles de melon, la chiffonnade de jambon et les figues dans chaque assiette. Saupoudrez de parmesan et de pignons de pin torréfiés. Arrosez de pesto. Salez et poivrez.

4. Juste avant de servir, ajoutez quelques feuilles de basilic.

SALADE PIÉMONTAISE

Pour 4 personnes
20 min de préparation
15 à 20 min de cuisson

INGRÉDIENTS : 600 g de pommes de terre • 4 tomates • 400 g de rôti de porc cuit ou de jambon coupé en tranches épaisses • 8 gros cornichons • 8 petits oignons marinés • 4 branches de cerfeuil • 250 g de mayonnaise • Sel, poivre

1. Faites cuire les pommes de terre pendant 15 à 20 min (selon leur grosseur) dans un grand volume d'eau bouillante salée. Égouttez-les, laissez les refroidir pendant quelques instants et retirez la peau. Détaillez-les en gros dés.

2. Lavez et séchez les tomates. Détaillez les en gros dés.

3. Coupez les cornichons en rondelles et les petits oignons en deux. Lavez, séchez et ciselez le cerfeuil.

4. Mélanger tous les ingrédients. Salez et poivrez. Réservez au frais jusqu'au moment de servir.

LENTILLES, ŒUFS MOLLETS ET POIRE

Pour 4 personnes
25 min de préparation
35 à 40 min de cuisson

INGRÉDIENTS : 150 g de lentilles • ½ oignon rouge • 1 poire • 4 branches de persil • 4 œufs • 2 cuil. à soupe de graines mélangées (lin, sésame, courge, tournesol…) **Pour la vinaigrette :** 4 cuil. à soupe d'huile d'olive • 2 cuil. à soupe de vinaigre balsamique blanc • Sel, poivre

1. Versez les lentilles dans une casserole, ajoutez 2,5 fois leur volume d'eau. Couvrez et laissez cuire pendant 30 min. Salez en fin de cuisson. Égouttez et réservez.

2. Épluchez l'oignon rouge et ciselez-le finement. Épluchez la poire. Coupez-la en quatre, retirez le cœur et les pépins. Détaillez-la en petits dés. Lavez et ciselez le persil.

3. Faites cuire les œufs : placez-les dans une grande casserole d'eau salée portée à ébullition. Faites-les cuire pendant 6 min, puis égouttez-les et déposez–les immédiatement dans un saladier contenant de l'eau glacée pour stopper la cuisson. Écalez-les et roulez-les dans les graines.

4. Préparez la vinaigrette en mélangeant l'huile d'olive, le vinaigre balsamique blanc, le sel et le poivre. Émulsionnez bien.

5. Mélangez les lentilles, les dés de poire et l'oignon rouge. Arrosez de vinaigrette et de persil ciselé. Déposez les œufs enrobés de graines sur le dessus.

ROQUETTE, FIGUES, MOZZARELLA ET JAMBON CRU

Pour 4 personnes
15 min de préparation

INGRÉDIENTS : 150 g de roquette • 3 cuil. à soupe de pignons de pin • 12 figues fraîches • 4 tranches de jambon de Parme • 1 boule de mozzarella di buffala **Pour la vinaigrette au miel :** 2 cuil. à soupe de vinaigre balsamique • 1 grosse cuil. à soupe de miel • 5 cuil. à soupe d'huile d'olive • Sel, poivre

1. Lavez et essorez la roquette. Dans une poêle, faites griller à sec les pignons en les remuant souvent jusqu'à ce qu'ils soient juste dorés. Réservez sur une assiette. Coupez les figues en quatre dans le sens de la hauteur, sans aller jusqu'au bout pour former des « fleurs ».

2. Dans chaque assiette de service, déposez un lit de roquette et répartissez les « fleurs » de figues. Déposez un peu de chiffonnade de jambon cru au creux de chaque figue. Déchirez la mozzarella en morceaux et parsemez-en les assiettes.

3. Préparez la vinaigrette : mélangez le vinaigre et le miel. Salez et poivrez, puis ajoutez l'huile d'olive. Versez un peu de vinaigrette sur chaque assiette. Terminez en les parsemant de pignons grillés et servez.

VARIANTE

Garnissez les « fleurs » de figues de mozzarella et de jambon, puis faites-les rôtir au four en mode gril, pendant quelques minutes, avant de les déposer sur les assiettes de salade.

SALADE CAESAR FAÇON « ÉTUDIANTE »

Pour 1 personne
8 min de préparation

INGRÉDIENTS : 1 petit sachet de laitue iceberg • 2 tranches de jambon de poulet • 1 cuil. à soupe de parmesan râpé • 2 ou 3 filets d'anchois • 1 filet de jus de citron • 2 cuil. à soupe d'huile d'olive • Sel, poivre

1. Coupez les tranches de jambon de poulet en lanières. Mettez la salade dans un bol, ajoutez les lanières de jambon, le parmesan râpé et les filets d'anchois.

2. Dans un petit bol, émulsionnez l'huile d'olive et le filet de jus de citron. Salez, poivrez et versez sur la salade. Mélangez et dégustez.

CONSEIL

Ajoutez à la préparation 1 œuf dur coupé en quatre et un peu d'ail frais haché.

VARIANTES

Changez de salade, remplacez la salade iceberg par de la laitue ou par une salade romaine.

MACÉDOINE AU THON ET À LA MAYONNAISE

Pour 1 personne
8 min de préparation

MATÉRIEL
Fouet

INGRÉDIENTS : 1 boîte de macédoine de légumes • 1 boîte de thon au naturel **Pour la mayonnaise :** 1 jaune d'œuf • 1 cuil. à soupe de moutarde forte • 1 filet de vinaigre • 10 cl d'huile • Sel, poivre

1. Préparez une mayonnaise : mettez le jaune d'œuf dans un bol, salez, poivrez puis ajoutez la moutarde et le vinaigre. Fouettez avec une fourchette ou un fouet et versez l'huile petit à petit jusqu'à épaississement.

2. Rincez la macédoine et égouttez-la. Versez-la dans un grand bol. Ouvrez la boîte de thon et égouttez-le. Ajoutez-le à la macédoine et mélangez en cassant le thon. Ajoutez de la mayonnaise et tournez soigneusement pour obtenir une préparation bien homogène. Dégustez.

CONSEILS

Ajoutez des fines herbes : persil, ciboulette ou estragon. Mettez la boîte de macédoine de légumes au frais avant de l'utiliser, car c'est nettement meilleur si elle est bien froide.

VARIANTES

Préparez cette même recette avec du crabe en boîte. Remplacez la mayonnaise par une vinaigrette.

SALADE THAÏE DE BŒUF GRILLÉ PIMENTÉE

Pour 4 personnes
20 min de préparation
8 min de cuisson
5 min de repos

MATÉRIEL
Râpe à légumes à grosse grille
Gril en fonte
Râpe fine
Presse-ail

INGRÉDIENTS : 1 batavia • 1 botte de ciboule thaïe (ou de cébettes) • 3 échalotes • 2 carottes • 1 bouquet de menthe fraîche • 1 bouquet de coriandre fraîche • 2 bâtons de citronnelle fraîche • 2 beaux pavés de rumsteck ou de filet de bœuf • 1 poignée de cacahuètes grillées **Pour la sauce :** 3 cm de gingembre frais • 1 piment rouge • 1 cuil. à soupe d'huile de sésame • Le jus de 1 citron vert • 1 gousse d'ail • 3 cuil. à soupe de nuoc-mâm (sauce de poisson) • 2 cuil. à café de sucre en poudre • 1 cuil. à soupe d'huile de tournesol

1. Lavez et émincez grossièrement la batavia. Ciselez la ciboule, épluchez et émincez les échalotes. Épluchez les carottes et râpez-les avec la grosse grille. Ciselez les herbes fraîches. Enlevez la première feuille des bâtons de citronnelle ainsi qu'une bonne partie de la tige et émincez finement la partie la plus tendre, vers la base. Mélangez tous ces ingrédients.

2. Sur un gril bien chaud, saisissez les pavés de bœuf à feu vif pendant 2 ou 3 min sur chaque face. La viande doit être à peine cuite, seul l'extérieur doit être marqué par la cuisson. Émincez la viande en petites tranches fines sur une planche.

3. Râpez le gingembre et émincez le piment. Préparez la sauce en mélangeant l'huile de sésame, le jus de citron vert, le piment émincé, le gingembre râpé et la gousse d'ail pressée. Ajoutez le nuoc-mâm, le sucre en poudre et l'huile de tournesol. Mélangez le tout.

4. Dans de grands bols ou des assiettes creuses, disposez les légumes, les tranches de viande et arrosez de sauce. Laissez reposer 5 min avant de servir, puis saupoudrez de cacahuètes grossièrement concassées.

SALADE DE SURIMI, PARMESAN, MÂCHE ET CROÛTONS

Pour 1 personne
5 min de préparation

INGRÉDIENTS : 150 g de mâche • 6 bâtonnets de surimi • 2 cuil. à soupe de parmesan râpé • 2 cuil. à soupe de croûtons • 2 cuil. à soupe d'huile d'olive • 1 cuil. à soupe de vinaigre balsamique • Sel, poivre

1. Lavez et essorez la mâche. Versez-la dans le saladier. Coupez les bâtonnets de surimi en petits dés. Ajoutez-les à la salade. Parsemez de parmesan râpé et complétez avec les croûtons. Versez l'huile d'olive et le vinaigre balsamique. Mélangez bien. Salez et poivrez.

CONSEIL

Égayez la salade avec un avocat coupé en petits cubes.

VARIANTE

Remplacez le surimi en bâtonnets par des miettes de surimi et ajoutez une pomme verte coupée en dés pour apporter du croquant.

SALADE D'ENDIVES, POMME ET FOURME D'AMBERT

Pour 4 personnes
10 min de préparation

INGRÉDIENTS : 3 endives blanches et/ou rouges • 1 pomme acidulée • 50 g de cerneaux de noix • 100 g de fourme d'Ambert (ou de bleu d'Auvergne) • 100 g de roquette **Pour la vinaigrette :** 5 cuil. à soupe d'huile de colza ou de noix, ou un mélange des deux • 2 cuil. à soupe de vinaigre aromatisé au miel • 2 cuil. à café de moutarde de Dijon • 1 cuil. à soupe d'eau • Sel, poivre

1. Préparez la vinaigrette en mélangeant l'huile, le vinaigre, la moutarde, du sel et du poivre. Ajoutez l'eau pour la rendre plus fluide.

2. Enlevez les premières feuilles des endives, puis émincez-les dans le sens de la hauteur pour former des « plumes ». Épluchez et coupez la pomme en dés ou en lamelles. Concassez les cerneaux de noix. Coupez le fromage en dés.

3. Dans un saladier, mélangez tous ces ingrédients avec la roquette et arrosez de vinaigrette. Ajoutez les dés de fromage et servez.

POMMES DE TERRE, CRESSON ET ŒUFS DURS

Pour 4 personnes
15 min de préparation
20 min de cuisson

INGRÉDIENTS : 600 g de pommes de terre fermes, de taille moyenne • 4 œufs • 2 cuil. à soupe de vin blanc • 1 botte de cresson **Pour la vinaigrette :** 4 cuil. à soupe d'huile de tournesol • 2 cuil. à soupe de vinaigre de cidre • Sel, poivre

1. Faites cuire les pommes de terre avec leur peau dans une grande quantité d'eau bouillante salée. Égouttez et laissez tiédir. En même temps, faire cuire les œufs durs, laissez-les refroidir et écalez-les.

2. Quand les pommes de terre sont tièdes, pelez-les et coupez-les en deux ou quatre selon leur taille. Arrosez-les de vin blanc et mélangez.

3. Lavez la botte de cresson et retirez les tiges les plus grosses. Préparez la vinaigrette en mélangeant les ingrédients.

4. Versez la vinaigrette sur les pommes de terre et mélangez pour bien les enrober de sauce. Ajoutez les feuilles de cresson, mais réservez-en quelques-unes pour la décoration.

5. Sur la salade, disposez les œufs durs coupés en deux et décorez avec les feuilles de cresson restantes.

GREEK MOOD BOWL

Pour 1 personne
20 min de préparation

INGRÉDIENTS : 30 g de semoule de blé • ½ concombre • 50 g de feta • 100 g de tomates cerise • 3 brins de menthe ciselée • 1 cuil. à café de citron confit émincé • 1 cuil. à soupe de tarama • 1 cuil. à soupe d'olives noires • 2 cuil. à soupe d'huile d'olive

1. Préparez la semoule de blé comme indiqué sur le paquet.

2. Lavez le concombre, épluchez-le et coupez-le en bâtonnets. Coupez la feta en lamelles. Lavez les tomates et coupez-les en morceaux.

3. Mélangez la semoule avec la menthe ciselée et le citron confit.

4. Déposez ce mélange dans un bol et garnissez avec les tomates cerise, le concombre, la feta, le tarama et les olives noires. Arrosez d'un filet d'huile d'olive et dégustez.

RAINBOW BOWL

Pour 1 personne
15 min de préparation
5 min de cuisson

INGRÉDIENTS : 100 g de radis de couleurs variées • Quelques tomates cerise de couleurs variées • 100 g de pâtes de riz • 1 cuil. à soupe de graines de courge • 1 cuil. à soupe de pousses d'alfalfa
Pour la sauce : 1 cuil. à café de purée de sésame • Le jus d'¼ de pamplemousse • Le jus d'½ orange • 2 cuil. à soupe d'huile d'olive • 4 brins de menthe

1. Lavez et épluchez les radis, émincez-les finement. Coupez les tomates en deux.
2. Faites cuire les pâtes comme indiqué sur le paquet. Égouttez-les et rincez-les sous l'eau froide.
3. Préparez la sauce : mélangez la purée de sésame avec les jus de pamplemousse et d'orange. Ajoutez l'huile et mélangez. Hachez la menthe.
4. Déposez les pâtes de riz dans un bol, ajoutez les tomates et les radis, parsemez de graines de courge, de pousses d'alfalfa et de menthe. Servez avec la sauce.

SMOOTHIE BOWL SALÉ

Pour 2 personnes
25 min de préparation

MATÉRIEL
Mixeur

INGRÉDIENTS : 2 avocats • 2 tomates vertes • ½ bouquet de basilic • Le jus d'1 citron • 1 tomate jaune • ½ petit concombre • 1 cuil. à soupe. de graines de sarrasin germées • 1 petite poignée de graines germées de votre choix • Huile d'olive • Sel, poivre

1. Lavez la tomate jaune et le concombre. Coupez-les en dés.

2. Effeuillez le basilic. Épluchez et dénoyautez les avocats et coupez la chair en morceaux.

3. Lavez les tomates vertes, coupez-les en morceaux et déposez-les dans le bol du mixeur avec l'avocat, le basilic et le jus de citron. Mixez, salez, poivrez et ajoutez 2 cuillères à soupe d'huile d'olive. Mixez à nouveau.

4. Versez cette préparation dans deux bols, et garnissez-les de dés de tomate jaune et de concombre, de graines germées et de sarrasin germé. Arrosez d'1 filet d'huile d'olive et dégustez.

partiel anglais
vendredi 10h
amphi 8

2

SANDWICHS ET LUNCH BOX

CROQUES CHÈVRE-COURGETTE

Pour 4 croques
15 min de préparation
5 min de cuisson

MATÉRIEL
Plaque à pâtisserie

INGRÉDIENTS : 8 tranches de pain de mie • 30 g de beurre • 4 cuil. à soupe de moutarde • 1 bûche de chèvre • 1 courgette

1. Préchauffez le four en position gril.

2. Tartinez 4 tranches de pain de beurre et les 4 autres tranches de moutarde.

3. Tranchez la courgette et la bûche de chèvres en fines rondelles. Répartissez les courgettes et le chèvre sur le pain beurré et refermez les croques.

4. Disposez sur la plaque et enfournez pour 5 min.

WRAP AU THON, AVOCAT ROQUETTE ET FROMAGE FRAIS

Pour 1 personne
8 min de préparation

INGRÉDIENTS : 1 tortilla de blé • 1 fromage frais de type carré frais Gervais® • 1 petite boîte de thon à l'huile • 1 avocat • 1 poignée de roquette • Le jus de 1 citron • 2 gouttes de Tabasco® • 1 pincée de sel, 1 pincée de poivre

1. Mettez le fromage frais dans un bol. Égouttez le thon, ajoutez-le dans le bol. Mélangez bien à l'aide d'une fourchette. Étalez le mélange sur toute la surface de la tortilla.

2. Coupez l'avocat en deux, retirez-en le noyau. Prélevez la chair et mettez-la dans un autre bol. Ajoutez le jus de citron et le Tabasco®. Salez et poivrez. Mélangez bien. Étalez ce mélange sur le précédent. Ajoutez la roquette, roulez la tortilla sur elle-même, puis coupez-la en deux. Dégustez.

CONSEIL

Faites légèrement chauffer la tortilla au-dessus d'un grille-pain ou dans une poêle antiadhésive.

VARIANTES

Selon les goûts, utilisez du thon au naturel ou à l'huile.
Vous pouvez aussi remplacer le thon par des sardines ou du jambon de pays.

WRAPS JAMBON-CRUDITÉS

Pour 4 personnes
25 min de préparation

INGRÉDIENTS : 2 cuil. à café de moutarde • 100 g de fromage blanc • 2 cuil. à soupe de persil frais ciselé • 2 carottes • ¼ de céleri-rave • 8 feuilles de laitue • 4 tortillas de blé • 4 tranches de jambon • 4 cuil. à soupe de fromage frais • Sel, poivre

1. Dans un bol, mélangez la moutarde et le fromage blanc. Salez, poivrez et ajoutez le persil ciselé.

2. Épluchez les carottes et râpez-les avec une râpe à petits trous. Épluchez le céleri et râpez-le finement également. Mélangez les légumes râpés à la sauce au fromage blanc.

3. Rincez les feuilles de laitue et coupez-les en lamelles à l'aide d'un grand couteau.

4. Passez au montage : étalez 1 cuil. à soupe de fromage frais sur chaque tortilla et déposez de la laitue puis une tranche de jambon par-dessus. Déposez au centre 1 belle cuil. à soupe de légumes râpés.

5. Refermez le wrap en le roulant sur lui-même. Pour qu'ils tiennent bien et ne se déroulent pas, piquez les wraps à l'aide d'un cure-dent, ou déposez-les debout dans un verre par exemple.

SANDWICH JAMBON-BEURRE SALADE

Pour 1 personne
5 min de préparation

INGRÉDIENTS : ½ baguette de pain • 2 tranches de jambon blanc • 2 carrés de Tartare® à la ciboulette • 1 tomate • 4 rondelles de concombre • 3 feuilles de salade • 1 cuil. à café (7 g) de beurre

1. Lavez la tomate et émincez-la en rondelles. Fendez la demi-baguette en deux dans la longueur et tartinez-la de beurre. Garnissez une moitié avec les tranches de jambon blanc. Puis déposez les rondelles de tomate et de concombre en les alternant.

2. Lavez les feuilles de salade et séchez-les. Coupez-les en lanières avec les ciseaux. Ouvrez les carrés de Tartare® et écrasez-les à la fourchette dans le bol. Ajoutez la salade ciselée et mélangez bien. Déposez le tout sur les rondelles de concombre et tomate. Fermez le sandwich avec l'autre moitié de baguette. Dégustez.

CONSEIL

Déposez un peu de moutarde forte sur le beurre et des cornichons coupés en deux.

VARIANTES

Utilisez du jambon de poulet ou du jambon fumé.

CLUB SANDWICH AU POULET

Pour 1 personne
5 min de préparation

INGRÉDIENTS : 3 tranches de pain mie • 1 tranche de blanc de poulet • 2 tranches de bacon déjà cuit • 1 tranche de fromage • 1 tomate • 1 feuille de laitue • 2 cuil. à soupe de mayonnaise

1. Passez les tranches de pain de mie au grille-pain. Lavez la feuille de laitue et épongez-la. Lavez la tomate et coupez-la en rondelles.

2. Tartinez une première tranche de pain avec 1 cuil. à soupe de mayonnaise, garnissez-la avec la tranche de poulet, la tranche de fromage et 2 tranches de bacon.

3. Tartinez une autre tranche de pain de mie avec le restant de mayonnaise, ajoutez la feuille de salade et les rondelles de tomate. Déposez le tout sur la préparation précédente, puis refermez avec la dernière tranche de pain. Pressez le sandwich avec la paume de la main et coupez-le en deux avant de le déguster.

CONSEIL

Mélangez la mayonnaise à du ketchup ou à de la moutarde forte.

VARIANTES

Remplacez la tranche de poulet par du jambon blanc ou du jambon de dinde.

partiel anglais
vendredi 10h
amphi 8

CLUB SANDWICH SALADE, TARAMA ET CREVETTES

Pour 1 personne
10 min de préparation

MATÉRIEL
Lunch box

INGRÉDIENTS : 3 tranches de pain de mie • 2 cuil. à soupe de tarama • 1 petite barquette de mini crevettes • 1 cuil. à soupe de mayonnaise • 1 feuille de salade **Pour la salade :** 2 petits concombres • 1 cuil. à soupe d'huile d'olive • 1 cuil. à café de vinaigre • 1 pincée de sel, 1 pincée de poivre

1. Faites griller rapidement les tranches de pain de mie au grille-pain. Tartinez une première tranche de tarama. Couvrez avec la seconde tranche de pain de mie. Ajoutez la feuille de salade. Coupez finement les crevettes et mélangez-les à la mayonnaise. Étalez ce mélange sur la deuxième tranche de pain de mie, puis posez la tranche restante. Pressez le sandwich avec la paume de la main pour que les éléments adhèrent bien et coupez-le en 2 triangles.

2. Lavez les concombres, puis débitez-les en rondelles. Dans le petit bol, émulsionnez l'huile et le vinaigre, salez, poivrez et versez sur les concombres.

3. Déposez l'ensemble dans la lunch box.

CONSEIL

Faites dégorger les concombres dans du gros sel pendant 10 min. Rincez-les sous l'eau froide et éliminez bien l'eau en les pressant avec les mains.

VARIANTE

Remplacez les crevettes par des bâtonnets ou du râpé de surimi.

BAGEL NY CREAM CHEESE ET SAUMON FUMÉ

Pour 1 personne
5 min de préparation

INGRÉDIENTS : 1 bagel • 2 tranches de saumon fumé • 2 cuil. à soupe de fromage à la crème • 6 rondelles de concombre • 2 rondelles d'oignon rouge

1. Coupez le bagel horizontalement en deux et faites-le griller légèrement dans un grille-pain ou au four. Tartinez la partie inférieure du bagel de fromage à la crème. Ajoutez les rondelles de concombre, les tranches de saumon et les rondelles d'oignon rouge. Posez le « couvercle » du bagel et dégustez immédiatement.

CONSEIL

Ajoutez une couche de tarama sur le fromage à la crème.

VARIANTES

Remplacez le fromage à la crème par du Kiri®, du St Moret® ou du Boursin®.

BAGEL PASTRAMI, TOMATES ET CHIPS DE BETTERAVE

Pour 1 personne
15 min de préparation et cuisson

MATÉRIEL
Lunch box

INGRÉDIENTS : 1 bagel • 2 tranches de pastrami • 1 feuille de salade • 2 cornichons • 2 cuil. à soupe de moutarde forte • Quelques petites tomates pour accompagner **Pour les chips de betterave :** 1 betterave • 1 cuil. à soupe de farine • 2 cuil. à soupe d'huile • 1 pincée de sel

1. Coupez le bagel en deux et faites-le griller au grille-pain ou au four. Tartinez la partie inférieure du bagel de moutarde. Ajoutez la salade, les cornichons et les tranches de pastrami. Refermez avec l'autre moitié de bagel.

2. Épluchez la betterave et coupez-la en tranches très fines. Déposez celles-ci sur du papier absorbant pour enlever l'excès d'eau. Farinez légèrement les tranches de betterave.

3. Faites chauffer l'huile dans la poêle et faites-y dorer les tranches de chaque côté. Dès qu'elles deviennent rouge orange, stoppez la cuisson. Déposez-les sur du papier absorbant pour éliminer l'excès d'huile. Salez-les et laissez-les refroidir.

4. Déposez le bagel et les chips de betterave dans la lunch box et ajoutez quelques petites tomates.

CONSEIL

Remplacez la moutarde forte par de la Savora®.

VARIANTES

Il existe toutes sortes de pastrami : à base de viande de bœuf ou de veau, épicé ou pas.

SANDWICH SUÉDOIS AUX HARENGS DOUX, CRÈME CIBOULETTE

Pour 1 personne
5 min de préparation

INGRÉDIENTS : 2 tranches de pain polaire • 3 harengs doux • 2 cuil. à soupe de crème fraîche épaisse • 1 cuil. à soupe de ciboulette ciselée • 1 petit oignon blanc • Le jus de 1 citron

1. Coupez les harengs doux en morceaux. Mettez-les dans un bol, ajoutez la crème fraîche, le jus de citron et la ciboulette ciselée. Mélangez le tout.

2. Déposez la préparation sur une tranche de pain polaire. Épluchez et coupez l'oignon en rondelles ; ajoutez-les sur la préparation. Couvrez avec la tranche restante et dégustez.

CONSEIL

Faites légèrement chauffer le pain polaire et, comme les Suédois, dégustez-le avec de la confiture d'airelles.

VARIANTES

Remplacez la crème fraîche par un yaourt grec ou du fromage blanc.
Utilisez du pain noir ou du pain de seigle à la place du pain polaire.

SANDWICH SAUMON FUMÉ ET ROQUETTE

Pour 4 personnes
20 min de préparation
2 h minimum de réfrigération
45 min de cuisson

MATÉRIEL
Mixeur

INGRÉDIENTS : Pour un bol de caviar d'aubergines : 2 petites aubergines blanches ou 1 grosse (environ 200 g de chair cuite) • 4 cuil. à soupe d'huile d'olive + 1 filet • 2 cuil. à soupe de jus de citron • 1 cuil. à soupe bombée de purée de sésame • 1 gousse d'ail • Sel, poivre **Pour les sandwichs :** 8 belles tranches de pain complet de seigle (au levain de préférence) • 8 tranches de saumon fumé • 8 cuil. à soupe bombées de caviar d'aubergines • 4 petites poignées de roquette

1. Réalisez le caviar d'aubergines à l'avance pour qu'il soit bien frais : préchauffez le four à 180°C (th. 6). Lavez les aubergines, puis coupez-les dans le sens de la longueur. Incisez la chair en formant des croisillons, salez et ajoutez un filet d'huile d'olive. Faites-les cuire au four pendant 45 min (vérifiez avec la lame d'un couteau qu'elles sont cuites, sinon remettez-les à cuire en surveillant).

2. Laissez refroidir pendant quelques minutes, puis prélevez la chair et mixez-la avec l'huile d'olive, le jus de citron, la purée de sésame, du sel, du poivre et la gousse d'ail hachée. Entreposez le caviar d'aubergines au frais pendant au moins 2 h.

3. Au bout de ce temps, préparez les sandwichs : prenez les tranches de pain de seigle et déposez du caviar d'aubergines sur une tranche, ajoutez le saumon fumé, un peu de roquette et terminez par une tranche de pain de seigle. Coupez les sandwichs en triangles et emballez-les dans du papier cellophane si vous devez les emporter.

VARIANTE

Vous pouvez utiliser du pain intégral au blé pour réaliser ce sandwich.

INFO NUTRITION

Pour un repas équilibré pris sur le pouce, terminez votre repas par un fruit frais. Pensez aussi à consommez une belle part de légumes à l'autre repas de la journée.

SANDWICH À LA CRÈME DE THON

Pour 4 sandwichs triangle
15 min de préparation

INGRÉDIENTS : 200 g de thon en conserve au naturel • 150 g de fromage blanc • 50 g de fromage frais à l'ail et aux fines herbes • 1 cuil. à café de moutarde • Le jus d'½ citron • 1 tomate • 4 cornichons • 4 tranches de pain de mie • 2 belles feuilles de batavia • 1 cuil. à soupe de ciboulette fraîche ciselée • Poivre

1. Préparez la crème de thon : dans un saladier, déposez le thon égoutté, le fromage blanc, le fromage frais, la moutarde, le jus du demi-citron, la ciboulette et un peu de poivre. Mélangez jusqu'à ce que la texture soit bien crémeuse.

2. Coupez la tomate en tranches fines et les cornichons en lamelles.

3. Tartinez une tranche de pain de mie, déposez des rondelles de tomate, de cornichons, une feuille de batavia puis déposez une seconde tranche de pain de mie tartinée de crème de thon.

4. Appuyez légèrement pour souder et coupez le sandwich en deux en diagonale, de manière à obtenir 2 triangles. Renouvelez l'opération avec les deux autres tranches de pain de mie.

TARTINE PRINTANIÈRE

Pour 4 tartines
20 min de préparation

MATÉRIEL
Pilon ou mixeur

INGRÉDIENTS : 100 g de fanes de radis • 2 gousses d'ail • 4 cuil. à soupe d'huile d'olive • 30 g de parmesan râpé (ou d'amandes en poudre) • Sel, poivre • 10 radis roses • 50 g de roquette • 4 tranches de pain de campagne • 100 g de chèvre frais • 4 fines tranches de jambon • 20 g de pignons de pin

1. Préparez le pesto de fanes de radis : épluchez l'ail. Rincez les fanes de radis sous un filet d'eau froide.

2. Déposez les fanes de radis dans un mortier avec l'ail. Pilez puis rajoutez l'huile d'olive et le parmesan au fur et à mesure, jusqu'à l'obtention d'une belle pâte homogène.

3. Nettoyez les radis roses et coupez-les en lamelles. Rincez la roquette.

4. Tartinez les 4 tranches de pain de campagne de chèvre frais. Déposez 1 belle cuil. à soupe de pesto de fanes de radis sur la tartine en l'étalant grossièrement. Déposez la tranche de jambon en la repliant sur elle-même pour ne pas qu'elle déborde de la tartine et ajoutez la roquette par-dessus. Saupoudrez de quelques pignons de pins.

TARTINES CHÈVRE, MÛRES, AVOCAT ET GRANOLA

Pour 4 tartines
15 à 20 min de préparation
15 min de cuisson

MATÉRIEL
Mixeur

INGRÉDIENTS : Pour les tartines : 125 g de fromage de chèvre frais (type Chavrou®) • 2 cuil. à café de jus de citron • 40 g de mûres + quelques-unes pour décorer • Les feuilles de 10 brins de coriandre + quelques-unes pour décorer • 4 tranches de pain de campagne pas trop épaisses • 1 avocat • 1 poignée de roquette • Fleur de sel, poivre **Pour le granola :** 15 g de cacahuètes grillées à sec • 50 g de flocons d'avoine • 10 g de sésame blanc • 10 g de noix de coco râpée • 4 cuil. à café de sirop d'érable

1. Préchauffez le four à 180 °C (th. 6).

2. Préparez le granola : concassez grossièrement les cacahuètes et mélangez les ingrédients dans un saladier. Mélangez le muesli avec le sirop d'érable et déposez sur une plaque de four recouverte de papier cuisson. Faites cuire pendant 15 min, en remuant deux fois. Surveillez la coloration. Sortez le granola du four et laissez-le refroidir.

3. Pendant ce temps, mixez le fromage de chèvre, 1 cuil. à café de jus de citron, les mûres, la coriandre, de la fleur de sel et du poivre. Goûtez et rectifiez l'assaisonnement à votre convenance.

4. Faites griller les tranches de pain et laissez-les refroidir. Pelez l'avocat, coupez sa chair en lamelles fines et citronnez-les.

5. Dressez les tartines : garnissez le pain de crème au fromage, ajoutez quelques feuilles de roquette, des lamelles d'avocat, quelques mûres et terminez en parsemant de granola et feuilles de coriandre.

MUFFINS À LA TOMATE ET CRÈME DE JAMBON

Pour 1 personne (4 ou 5 muffins)
15 min de préparation
20 min de cuisson

MATÉRIEL
Lunch box
Fouet
Caissettes à muffins en papier

INGRÉDIENTS : 120 g de farine avec levure •10 cl de lait • 1 œuf • 70 g de mascarpone • 60 g de parmesan râpé • 1 ½ cuil. à soupe d'huile d'olive • 1 cuil. à café de poivre vert en saumure • 4 tomates confites **Pour la crème de jambon :** 2 tranches de jambon • 1 petit-suisse • 1 cuil. à soupe de crème fraîche • 1 cuil. à café de ciboulette ciselée • Sel, poivre **Pour l'accompagnement :** 2 branches de céleri • 1 carotte

1. Dans un bol, cassez l'œuf et battez-le au fouet. Ajoutez-y le mascarpone et l'huile d'olive, et continuez de fouetter jusqu'à l'obtention d'un mélange crémeux et homogène. Versez petit à petit la farine et le lait. Ajoutez ensuite le parmesan. Coupez les tomates confites en petits dés et intégrez-les avec le poivre vert à cette préparation.

2. Préchauffez le four à 180 °C (th. 6). Répartissez la préparation dans les petits moules à muffins et faites cuire au four pendant 20 min.

3. Préparez la crème de jambon : coupez ou hachez le jambon le plus finement possible. Ajoutez le petit-suisse, la crème fraîche et la ciboulette. Salez et poivrez. Mélangez bien.

4. Coupez les branches de céleri en bâtonnets. Épluchez puis coupez également la carotte en bâtonnets de la même longueur que ceux de céleri.

5. Déposez le tout soigneusement dans la lunch box.

CONSEIL

Ajoutez 1 cuil. à soupe de moutarde forte, Savora® ou raifort, dans la crème de jambon pour la pimenter légèrement.

VARIANTES

Pour la pâte à muffins, remplacez les tomates confites par des olives. Pour la crème de jambon, substituez du chèvre frais au petit-suisse.

CUPCAKES AU SAUMON, CREAM CHEESE AU CITRON

Pour 1 personne
(environ 6 cupcakes)
15 min de préparation
20 min de cuisson

MATÉRIEL
Lunch box
Fouet
6 moules à cupcakes

INGRÉDIENTS : 2 tranches de saumon fumé • 100 g de farine avec levure • 1 œuf • 40 g de gruyère râpé • 4 cl de lait • 3 cl d'huile **Pour le cream cheese au citron :** 3 cuil. à soupe de cream cheese • 1 cuil. à soupe de jus de citron • 1 pincée de sel, 1 pincée de poivre **Pour l'accompagnement :** 1 petit concombre • 4 ou 5 radis

1. Préchauffez le four à 180 °C (th. 6). Déposez la farine dans un bol. Ajoutez-y l'œuf et mélangez vivement. Versez ensuite le lait et l'huile. Mélangez soigneusement jusqu'à ce que la pâte soit bien lisse. Coupez le saumon fumé en petits morceaux et ajoutez-le à la pâte ainsi que le gruyère râpé. Mélangez puis versez la pâte dans les petits moules à cupcakes. Faites cuire au four pendant 20 min.

2. Préparez le cream cheese en mélangeant simplement tous les ingrédients dans un bol à l'aide d'une cuillère. Goûtez, salez et poivrez de nouveau si nécessaire.

3. Lavez le concombre puis débitez-le en rondelles. Lavez les radis et coupez les feuilles et les radicelles.

4. Déposez soigneusement l'ensemble dans la lunch box.

CONSEIL

Ajoutez 1 cuil. à soupe de crème fraîche dans le cream cheese pour qu'il soit plus onctueux.

VARIANTES

Ajoutez de la ciboulette dans la pâte à cupcakes. Remplacez le saumon par du jambon ou des lardons.

FISHCAKE, SALADE D'ORANGE ET CÉLERI

Pour 1 personne
10 min de préparation
et cuisson

MATÉRIEL
Lunch box

INGRÉDIENTS : 300 g de poisson blanc de type cabillaud • 2 cuil. à soupe de crème fraîche épaisse • 1 œuf • 2 cuil. à soupe de farine • 1 cuil. à café de jus de citron + 1 quartier de citron pour le service • 1 cuil. à soupe de persil plat ciselé • 1 cuil. à soupe d'oignon haché • 1 pincée de poivre • Huile **Pour la salade d'orange et céleri :** 1 orange • 1 côte de céleri • 1 cuil. à café de jus de citron • 2 cuil. à soupe de crème liquide • 1 cuil. à soupe d'huile • Sel, poivre

1. Hachez le poisson finement et mélangez-le dans le saladier avec la crème fraîche. Ajoutez l'œuf, la farine, le jus de citron, le persil, l'oignon haché et le poivre. Malaxez bien pour obtenir une préparation homogène.

2. Façonnez des galettes avec ce mélange et faites-les dorer de tous côtés, à la poêle, dans un peu d'huile, pendant environ 5 min.

3. Lavez la côte de céleri et coupez-la en petits morceaux. Épluchez l'orange et enlevez le maximum de peau blanche, car elle est très amère. Coupez l'orange en rondelles puis recoupez les rondelles en quatre. Versez le jus de citron dans le bol, ajoutez la crème liquide, l'huile, du sel, du poivre et mélangez bien. Versez cette vinaigrette sur le céleri et l'orange.

4. Mettez les galettes dans la lunch box avec le quartier de citron pour les déguster. Ajoutez la salade d'orange et céleri.

CONSEILS

Remplacez le cabillaud par du saumon.
Ces galettes se dégustent aussi bien froides que chaudes.

VARIANTE

Remplacez la crème liquide de la vinaigrette par du yaourt ou du fromage blanc.

BOULETTES DE FALAFEL, SALADE ET SAUCE À LA MENTHE

Pour 1 personne
15 min de préparation
10 min de cuisson

MATÉRIEL
Lunch box
Pilon ou mixeur

INGRÉDIENTS : 250 g de pois chiches en boîte • 1 petit oignon blanc • 3 gousses d'ail • 2 cuil. à soupe de persil plat ciselé • 2 cuil. à soupe de coriandre ciselée • 1 cuil. à café de sésame doré • 1 cuil. à café de cumin en poudre • 1 pincée de piment fort • Huile pour friture • Sel, poivre **Pour l'accompagnement :** 3 feuilles de salade • 1 tomate • 1 yaourt • 4 feuilles de menthe • 1 pincée de poivre • 2 tranches de pain libanais

1. Versez les pois chiches dans une passoire et rincez-les sous l'eau claire. Épluchez-les pour qu'ils soient plus digestes, la pellicule qui les recouvre s'enlève facilement à la main. Épluchez l'ail et l'oignon, et hachez-les finement.

2. Mettez les pois chiches et l'ail dans un bol, ajoutez-y le persil, la coriandre et l'oignon, écrasez le tout bien finement à la fourchette ou avec un pilon, ou bien mixez. Parfumez avec les épices : sésame, cumin, piment, 1 pincée de sel et 1 pincée de poivre. Mélangez soigneusement.

3. Formez ensuite des boulettes dans les paumes de vos mains. Faites chauffer de l'huile dans la sauteuse et faites-y cuire les boulettes pendant environ 10 min, ou jusqu'à ce qu'elles soient bien dorées. Égouttez-les sur du papier absorbant.

4. Lavez et séchez les feuilles de salade. Lavez la tomate puis émincez-la en rondelles. Ciselez finement la menthe et ajoutez-la dans le yaourt. Poivrez et mélangez.

5. Déposez les boulettes sur la salade dans la lunch box, ajoutez à côté les rondelles de tomate et le yaourt à la menthe. Accompagnez de pain libanais.

CONSEIL

Ajoutez 1 pointe de couteau de harissa dans le yaourt à la menthe.

VARIANTE

Ajoutez des carottes râpées avec une vinaigrette à base de citron et d'huile d'olive.

SUSHI AUX DEUX JAMBONS ET SALADE JAPONAISE

Pour 1 personne
8 à 10 min de préparation

MATÉRIEL
Lunch box
Râpe

INGRÉDIENTS : 110 g de riz à sushi • 1 tranche de jambon blanc • 1 tranche de jambon fumé • 2 cuil. à soupe de vinaigre de riz • 1 pincée de sucre • 1 pincée de sel • 3 ou 4 tomates confites **Pour la salade japonaise au daikon et gingembre :** 100 g de daikon • 1 petite carotte • 1 pouce de gingembre frais • 1 cuil. à soupe de coriandre ciselée • Quelques graines de sésame • 1 cuil. à café de vinaigre de riz • 1 cuil. à café de sauce soja • 1 pincée de sel **Pour la sauce acidulée au soja :** 2 cuil. à soupe de sauce soja • 1 filet de jus de citron • 1 pincée de sucre

1. Mettez le riz dans une passoire et rincez-le plusieurs fois à l'eau claire. Égouttez-le. Versez le riz dans la casserole et ajoutez 15 cl d'eau ou selon les indications du paquet. Couvrez et portez à ébullition. Faites cuire le riz à feu doux jusqu'à ce que toute l'eau soit absorbée. Stoppez la cuisson, puis laissez reposer pendant 5 min, toujours à couvert.

2. Dans un bol, délayez le vinaigre de riz, le sel et le sucre. Versez cette préparation sur le riz, mélangez sans écraser les grains. Laissez refroidir pendant un instant. Coupez les jambons en petites tranches de la taille des sushi. Prélevez du riz avec une cuillère à soupe, puis donnez-lui la forme de sushi avec vos doigts. Rangez les sushi au fur et à mesure sur une assiette et déposez dessus en alternance jambon blanc et jambon fumé. Mettez ensuite les sushi dans la lunchbox avec 3 ou 4 tomates confites.

3. Préparez la salade japonaise : épluchez le daikon et râpez-le. Si vous en avez le temps, faites-le dégorger avec du sel, puis rincez-le soigneusement. Râpez la carotte et préparez la sauce. Délayez le vinaigre de riz avec la sauce soja et le sel. Versez sur le mélange daikon-carotte, mélangez. Ajoutez la coriandre, le gingembre frais râpé et les graines de sésame. Mettez la salade dans la lunch box.

4. Pour la sauce acidulée, mélangez simplement tous les ingrédients en les émulsionnant à la fourchette. Ajoutez-la dans la lunch box, vous la dégusterez avec les sushi.

CONSEIL

Ajoutez un peu de wasabi sur les sushi et sous le jambon.

VARIANTE

Ajoutez 1 fine tranche de comté sur les sushi au jambon fumé.

ŒUFS MIMOSA, COLESLAW ET PAIN AU PAPRIKA

Pour 1 personne
15 min de préparation
10 min de cuisson

MATÉRIEL
Lunch box
Râpe

INGRÉDIENTS : 2 œufs • 2 cuil. à soupe de mayonnaise • 1 cuil. à café de ciboulette ciselée • 1 pincée de sel, 1 pincée de poivre **Pour le coleslaw :** 100 g de chou blanc • 1 petite carotte • 25 g de mayonnaise • 25 g de fromage blanc • 1 cuil. à soupe de vinaigre de cidre • 1 pincée de sel • 1 pincée de sucre **Pour le pain au beurre de paprika :** 2 tranches de pain de mie • 1 cuil. à soupe de beurre à température ambiante • 1 grosse pincée de paprika

1. Portez de l'eau à ébullition dans la casserole et plongez-y délicatement les œufs. Laissez-les durcir pendant 10 min, puis retirez-les et rafraîchissez-les sous l'eau froide avant de les écaler.

2. Coupez les œufs durs en deux et retirez délicatement les jaunes sans abîmer le blanc. Mettez les jaunes dans un bol et ajoutez la mayonnaise et la ciboulette. Salez et poivrez, puis écrasez le tout à la fourchette. Farcissez le blanc de ce mélange.

3. Préparez le coleslaw : épluchez la carotte. Râpez le chou et la carotte avec les gros trous de la râpe. Dans un bol, mélangez la mayonnaise avec le fromage blanc. Ajoutez le vinaigre de cidre, le sel et le sucre. Versez sur le chou et la carotte et mélangez bien.

4. Faites griller le pain de mie au grille-pain. Mélangez le beurre et le paprika. Beurrez-en les tranches de pain avant de les couper en bâtonnets.

5. Mettez l'ensemble dans la lunch box.

3
BENTOS

RIZ AU SÉSAME

Pour 2 bento
15 minutes de préparation
30 min de cuisson
1 h de repos

MATÉRIEL
Cuiseur vapeur ou *rice cooker*

INGRÉDIENTS : 100 g de riz rond japonais • 1 cuil. à soupe de vinaigre de riz • 1 pincée de sucre semoule • 1 cuil. à café de sésame doré • 1 pincée de sel

1. Mettez le riz dans le bol du cuiseur. Couvrez-le largement d'eau et remuez afin de décoller la poussière. Videz l'eau et recommencez l'opération 3 à 4 fois. À la fin du nettoyage, l'eau doit être claire.

2. Égouttez le riz dans une passoire, puis reversez-le dans le cuiseur. Ajoutez 10 cl d'eau et faites cuire.

3. Dans un bol, mélangez le vinaigre de riz, le sucre et le sel. Mélangez bien afin de dissoudre complètement le sel et le sucre.

4. Quand le riz est cuit, c'est-à-dire quand il a totalement absorbé l'eau, transvasez-le dans un saladier (les Japonais utilisent un saladier plat en bois). Arrosez-le du mélange vinaigre, sel, sucre tout en remuant de façon à bien imprégner tous les grains. Couvrez le riz d'un torchon pour qu'il ne sèche pas et laissez-le refroidir 1 h.

5. Disposez-le dans les bento et saupoudrez de sésame.

VARIANTE

Vous pouvez décorer le riz avec des rondelles de citron, des radis, des carottes et des herbes.

SASHIMIS ET SALADE DE CRUDITÉS

Pour 2 bento
25 min de préparation

INGRÉDIENTS : Pour les sashimis : 1 morceau de daikon ou de radis blanc • 400 g de pavé de thon rouge, de saumon et de dorade de 2 à 3 cm d'épaisseur **Pour la salade :** 1 carotte • ⅛ de chou blanc • 4 tomates cerise • 1 cuil. à soupe de vinaigre de riz • 3 cuil. à soupe d'huile végétale • Sel, poivre

1. Épluchez le daikon ou le radis, puis râpez-le le plus finement possible. Découpez le poisson en deux dans la longueur de façon à obtenir 2 pièces de 4 cm de large.

2. À l'aide d'un couteau, coupez ensuite des sashimis droits de 5 mm d'épaisseur.

3. Disposez les sashimis dans la moitié du bento, sur un lit de daikon râpé.

4. Épluchez la carotte et râpez-la le plus finement possible. Coupez le chou en rondelles très fines. Coupez les tomates cerise en quatre.

5. Dans un bol, mélangez la carotte et le chou et assaisonnez avec le vinaigre, l'huile, du sel et du poivre. Mélangez bien, disposez dans l'autre moitié du bento, puis décorez avec les tomates cerise.

CONSEIL

Accompagnez les sashimis de gingembre mariné, de wasabi et de sauce soja.

VARIANTES

Vous pouvez aussi utiliser du concombre, du chou chinois, des raisins secs...

SAUMON LAQUÉ

Pour 2 bento
10 min de préparation
10 minutes de cuisson
1 h de marinade

INGRÉDIENTS : 2 petits pavés de saumon d'environ 100 g chacun • 1 cuil. à soupe de miel • 1 cuil. à soupe de mirin (saké pour la cuisine) • 3 cuil. à soupe de sauce soja • 1 cuil. à soupe de sauce nuoc-mâm • 10 brins de ciboulette

1. Dans une casserole, faites chauffer le miel puis, lorsqu'il se met à bouillir, ajoutez le mirin, la sauce soja et le nuoc-mâm. Mélangez bien puis ôtez du feu.

2. Disposez le saumon dans une assiette creuse. Arrosez de sauce et laissez mariner pendant 1 h en arrosant aussi souvent que possible le saumon.

3. Dans une poêle antiadhésive, faites cuire les pavés de saumon égouttés, environ 3 à 4 min de chaque côté. Sortez le saumon de la poêle et laissez-le tiédir avant de garnir les bento.

VARIANTE

Si vous le désirez, après avoir retiré le saumon de la poêle, versez-y la marinade et portez-la à ébullition afin qu'elle épaississe. Arrosez ensuite le saumon de cette sauce.

CONSEIL

Vous pouvez accompagner ce saumon de riz en le préparant comme indiqué p 104

BROCHETTES DE SAINT-JACQUES À LA CITRONNELLE

Pour 2 bento
10 min de préparation
10 min de cuisson

INGRÉDIENTS : 8 noix de saint-jacques • 1 tige de citronnelle • 4 brins de coriandre • 2 fruits de la Passion • 6 cuil. à soupe d'huile d'olive • 2 cuil. à soupe d'huile végétale • 1 noix de beurre • Sel, poivre

1. Passez les noix sous l'eau froide et épongez-les sur du papier absorbant.

2. Coupez la citronnelle en deux dans le sens de la longueur. Coupez ensuite en 2 parts égales dans la largeur de façon à obtenir 4 bâtonnets de citronnelle.

3. Piquez, sur chaque bâtonnet de citronnelle, 2 noix de saint-jacques. Laissez à l'air libre le temps de préparer le reste de la recette.

4. Effeuillez et hachez grossièrement la coriandre. À l'aide d'un petit couteau, coupez les fruits de la Passion en deux et récupérez l'intérieur pour collecter les graines et le jus.

5. Mettez le tout dans un bol et ajoutez l'huile d'olive, la coriandre, un peu de sel et un peu de poivre. Mélangez bien et gardez au frais.

6. Dans une poêle chaude, mettez l'huile végétale et le beurre. Lorsque le beurre cesse de mousser, faites cuire les brochettes pendant 2 à 3 min de chaque côté.

7. Salez, poivrez et déposez les brochettes sur du papier absorbant. Laissez tiédir ou refroidir. Dans les bento, versez la sauce puis disposez les brochettes.

VARIANTES

Remplacez la citronnelle par du thym, du romarin, du fenouil sauvage... Remplacez la vinaigrette aux fruits de la Passion par une vinaigrette classique ou au vinaigre balsamique.

Shinji SAIJO
Superviseur éditorial : Keiko OYAMA

GÂTEAU DE CAROTTES ET COURGETTES

Pour 2 bento
40 min de préparation
1h10 de cuisson

MATÉRIEL
Presse-purée
ou moulin à légumes
2 ramequins allant au four

INGRÉDIENTS : Pour la salade : ½ concombre • ½ courgette • ½ citron jaune • 6 cuil. à soupe d'huile d'olive • 1 pincée de piment d'Espelette • Sel, poivre **Pour le gâteau :** 250 g de carottes • 1 gousse d'ail • 4 brins de cerfeuil • 1 cube de bouillon de volaille • 2 oeufs • 20 g de comté râpé • Sel, poivre du moulin

1. Préparez le gâteau. Épluchez les carottes et l'ail. Coupez les carottes en rondelles de 1 cm. Hachez l'ail et le cerfeuil.

2. Dans une casserole, versez les carottes, l'ail, le cube de bouillon et 15 cl d'eau. Faites cuire jusqu'à évaporation complète du liquide.

3. Préchauffez le four à 200 °C (th. 6-7). Écrasez les carottes. Ajoutez les œufs, le comté et le cerfeuil. Salez, poivrez et mélangez. Versez la purée dans les ramequins huilés et enfournez, au bain-marie, pour 30 min de cuisson.

4. Pendant ce temps, épluchez le concombre. Coupez-le en fines rondelles. Mettez ces dernières dans un tamis avec un peu de sel et laissez-les dégorger. Éboutez la courgette et coupez-la en rondelles fines. Pressez le citron.

5. Dans une poêle, faites sauter la courgette avec 2 cuil. à soupe d'huile d'olive, du sel et du poivre. Ajoutez la courgette au concombre, puis versez le jus de citron, le reste d'huile d'olive, le piment et un peu de poivre. Mélangez bien et dressez.

6. Sortez les gâteaux du four et plantez la pointe d'un couteau au centre, il doit ressortir propre. Laissez refroidir avant de démouler et servez.

NOUILLES SOBA AUX ALGUES, SOJA ET TOFU

Pour 2 bento
15 min de préparation
10 min de cuisson

INGRÉDIENTS : 100 g de nouilles soba complètes aux algues • 1 botte de ciboulette • ½ botte de coriandre • 50 g de pousses d'épinards • ½ citron vert • ½ piment vert • 1 gousse d'ail • 2 cm de gingembre frais • 1 cuil. à café de graines de sésame • 1 cuil. à soupe de sauce soja • 1 cuil. à soupe de sauce nuoc-mâm • 1 bloc de tofu • 2 cuil. à soupe d'huile végétale • Sel, poivre

1. Coupez finement la ciboulette et la coriandre. Nettoyez et essorez les pousses d'épinards. Pressez le demi-citron. Retirez le pédoncule du piment, puis coupez-le en deux dans le sens de la longueur. Retirez les graines et hachez la chair. Épluchez et hachez l'ail et le gingembre.

2. Dans un wok ou une poêle, faites dorer les graines de sésame à sec. Dès qu'elles commencent à dorer, mettez-les dans un bol. Ajoutez le jus de citron, la sauce soja et la sauce nuoc-mâm. Égouttez le tofu et coupez-le en cubes d'environ 1 cm de côté.

3. Faites cuire, dans un grand volume d'eau salée, les nouilles soba, en suivant les indications du fabricant. Égouttez et gardez au chaud.

4. Faites chauffer l'huile dans un wok ou une poêle. Versez l'ail, le gingembre et le piment. Laissez cuire 2 min en remuant fréquemment et ajoutez la ciboulette et le tofu. Poursuivez la cuisson pendant 2 à 3 min et ajoutez les nouilles.

5. Mélangez bien afin de les réchauffer. Ôtez du feu, ajoutez le sésame citronné, les pousses d'épinards et la coriandre. Laissez refroidir et garnissez les bento.

POÊLÉE DE COURGETTES ET CAROTTES

Pour 2 bento
30 min de préparation
20 min de cuisson

INGRÉDIENTS : Pour la poêlée : 100 g de fèves écossées • 1 courgette • 100 g de pois gourmands • 25 g de pousses d'épinards • 4 cuil. à soupe d'huile d'olive • Sel, poivre **Pour les carottes :** 4 carottes • 1 cuil. à soupe d'amandes effilées • ½ citron vert • 4 cuil. à soupe d'huile d'olive • 1 pincée de *ras-el-hanout* • Sel, poivre

1. Préparez la poêlée. Portez un grand volume d'eau salée à ébullition. Faites-y cuire les fèves pendant 10 min.

2. Éboutez la courgette et coupez-la en deux dans le sens de la longueur. À l'aide d'une cuillère, retirez les graines. Coupez-la ensuite en tronçons, puis en bâtonnets.

3. Dans une poêle, faites chauffer l'huile d'olive, puis faites revenir à feu doux les courgettes, les pois et les fèves. Salez et poivrez puis laissez cuire 10 à 12 min à couvert. Laissez refroidir et mélangez avec les pousses d'épinards.

4. Dans une poêle, faites griller les amandes effilées à sec sans cesser de remuer. Dès qu'elles commencent à dorer, retirez-les immédiatement de la poêle afin d'éviter qu'elles ne brûlent.

5. Coupez le bout des carottes, épluchez-les, puis râpez-les.

6. Dans un bol, pressez le demi-citron et ajoutez l'huile d'olive, les épices, le sel et le poivre.

7. Mélangez les carottes avec cette sauce et disposez-les dans les bento. Décorez avec les amandes grillées.

VARIANTE

Vous pouvez ajouter des raisins secs blonds.

HARICOTS ET ONIGIRI

Pour 2 bento
40 min de préparation
40 min de cuisson
1 h de repos

MATÉRIEL
Cuiseur vapeur ou *rice cooker*

INGRÉDIENTS : Pour les haricots : 200 g de haricots verts • 1 carotte • ½ botte de coriandre • 10 tomates cerise • 1 cuil. à soupe de sauce soja • 3 cuil. à soupe d'huile d'olive • Sel, poivre **Pour l'onigiri :** 100 g de riz rond japonais • 1 feuille de nori • 1 cuil. à soupe de vinaigre de riz (+ un peu pour façonner le riz) • 1 pincée de sucre semoule • 1 pincée de sel

1. Faites cuire le riz comme indiqué p. 104 (sans ajouter le sésame).

2. Faites cuire les haricots verts dans un grand volume d'eau bouillante salée 10 min. Ils doivent rester croquants.

3. Pendant ce temps, épluchez et coupez la carotte en bâtonnets. Faites-les cuire aussi dans un grand volume d'eau bouillante salée pendant 10 min. La carotte doit être fondante. Égouttez les légumes et passez-les sous l'eau froide afin de stopper la cuisson. Essorez-les dans un panier à salade.

4. Effeuillez la coriandre, coupez les tomates cerise en quatre. Dans un grand saladier, mélangez les haricots avec la sauce soja, la coriandre et l'huile d'olive. Décorez avec les carottes et les tomates.

5. Préparez l'onigiri. Coupez la feuille de nori en bandes d'environ 1,5 cm. Mettez dans un bol un peu d'eau froide et de vinaigre de riz. Prenez l'équivalent d'une boule de pingpong de riz entre vos mains humidifiées et façonnez-le de façon à lui donner la forme d'un triangle épais d'environ 1,5 cm.

6. Procédez ainsi jusqu'à épuisement du riz. Humidifiez les bandes de nori et utilisez-les pour entourer les triangles de riz. Disposez dans les bento.

OMELETTE AUX HERBES

Pour 2 bento
10 min de préparation
10 min de cuisson

INGRÉDIENTS : 4 œufs extra-frais • Quelques brins de ciboulette, de cerfeuil, de persil et d'estragon • 5 cl de lait entier • 1 noix de beurre • 2 cuil. à soupe d'huile végétale • Sel et poivre

1. Effeuillez et rincez les herbes. Hachez-les finement.

2. Dans un bol, cassez 2 œufs et fouettez-les assez longuement avec la moitié du lait, du sel et du poivre. Ajoutez alors la moitié des herbes.

3. Dans une grande poêle, faites fondre la moitié du beurre avec 1 cuil. à soupe d'huile. Lorsque la poêle est bien chaude, versez les œufs, puis laissez cuire 3 à 5 min à couvert (comme vous allez déguster l'omelette froide, il vaut mieux qu'elle ne soit pas baveuse). Retirez-la du feu et penchez la poêle afin de rouler l'omelette sur une planche. Laissez refroidir et disposez-la entière, ou coupée en deux, dans un bento.

4. Recommencez l'opération une seconde fois pour le deuxième bento.

VARIANTE

Vous pouvez remplacer le lait par de la crème fraîche. L'omelette n'en sera que meilleure.

CONSEIL

Vous pouvez accompagner cette omelette de carottes râpées.

TABOULÉ DE QUINOA ET CAROTTES AUX RAISINS SECS

Pour 2 bentos
20 min de préparation
20 min de cuisson

INGRÉDIENTS : Pour le taboulé : 100 g de quinoa • 3 tomates • ½ concombre • ½ botte de persil plat • ½ botte de menthe • ½ citron jaune • 6 cuil. à soupe d'huile d'olive • Sel, poivre **Pour les carottes :** 2 cuil. à soupe de raisins secs • ½ botte de coriandre • 3 carottes • ½ citron vert • 4 cuil. à soupe d'huile d'olive • Sel, poivre

1. Faites cuire le quinoa selon les indications du paquet. Ébouillantez les tomates pendant 1 min, puis pelez-les.

2. Coupez-les ensuite en petits dés. Épluchez le demi-concombre, coupez-le en quatre afin de retirer les graines et détaillez la chair en petits cubes.

3. Effeuillez et hachez le persil et la menthe. Pressez le demi-citron afin de récupérer le jus. Dans un saladier, mélangez le quinoa avec les herbes, les dés de tomate, le jus de citron, l'huile d'olive, le sel et le poivre. Disposez dans les bento.

4. Faites tremper les raisins secs dans un bol avec un peu d'eau tiède. Effeuillez la coriandre. Épluchez et râpez finement les carottes.

5. Égouttez les raisins secs, mélangez-les avec les carottes et ajoutez le jus du demi-citron vert, l'huile d'olive, la coriandre, du sel et du poivre.

6. Mélangez bien et disposez dans les bento.

VARIANTE

Vous pouvez ajouter de l'oignon nouveau haché dans le quinoa.

CONSEIL

Vous pouvez remplacer les raisins secs par des petits morceaux d'abricots secs.

POÊLÉE DE CHAMPIGNONS ET LÉGUMES VERTS

Pour 2 bentos
20 min de préparation
30 min de cuisson

INGRÉDIENTS : Pour la poêlée : 150 g de champignons de Paris • 150 g de pleurotes • 1 botte de coriandre • 2 cuil. à soupe d'huile d'olive • Sel, poivre **Pour la salade de légumes verts :** 1 petite poignée de haricots verts (env. 100 g) • 1 tête de brocoli • 1 petite poignée de petits pois écossés (env. 100 g) • 1 petite poignée de roquette • 1 pincée de graines de sésame doré • 2 cuil. à soupe de sauce soja • 4 cuil. à soupe d'huile d'olive • Sel, poivre

1. Préparez la salade. Équeutez les haricots et cassez en deux les plus longs. Coupez le pied du brocoli et retirez les sommités. Nettoyez les petits pois et la roquette.

2. Dans une casserole d'eau bouillante salée, faites cuire les haricots 10 min, puis égouttez et réservez. Faites de même pour les petits pois et, enfin, pour le brocoli. Les légumes doivent rester croquants.

3. Pour la poêlée : nettoyez les champignons et retirez toute trace de terre. Coupez les champignons de Paris en quatre. Effeuillez la coriandre.

4. Dans une poêle, faites chauffer l'huile d'olive. Lorsqu'elle est bien chaude, faites revenir, à feu vif, les champignons de façon à bien les colorer. Faites-les cuire 5 à 7 min en remuant fréquemment. Ils seront cuits lorsque l'eau qu'ils ont perdue a complètement disparu. Coupez le feu et laissez tiédir quelques minutes avant d'ajouter la coriandre, du sel et du poivre.

5. Lorsque les légumes de la salade sont froids, mélangez-les avec la roquette, le sésame, la sauce soja et l'huile. Salez et poivrez. Garnissez les bento.

POÊLÉE DE POIS GOURMANDS ET MINI-MAÏS

Pour 2 bento
15 min de préparation
10 min de cuisson

INGRÉDIENTS : 100 g de mini-maïs crus • 4 brins de basilic thaï • 100 g de pois gourmands • 1 pincée de cassonade • 1 cuil. à soupe de sauce nuoc-mâm • 2 cuil. à soupe de sauce soja • 4 cuil. à soupe d'huile végétale

1. Coupez les mini-maïs en deux dans le sens de la longueur. Effeuillez le basilic.

2. Dans une poêle ou un wok, faites chauffer l'huile végétale. Ajoutez les mini maïs, les pois gourmands et faites cuire à feu moyen et à couvert pendant 7 à 8 min. Remuez fréquemment.

3. Retirez le couvercle, ajoutez la cassonade, le nuoc-mâm et la sauce soja. Portez à ébullition, mélangez bien et laissez cuire 1 à 2 min. Laissez refroidir les légumes avant d'ajouter le basilic et de les disposer dans les bento.

VARIANTES

Vous pouvez remplacer le basilic thaï par du cerfeuil ou de la coriandre.

A la Carte

CLUBS VARIÉS

Pour 2 bento
15 min de préparation

MATÉRIEL
Râpe

INGRÉDIENTS : Club saumon fumé : 2 tranches de pain de mie blanc • 1 tranche de saumon fumé • 1 citron vert • 50 g de fromage frais type St Môret® • Poivre **Club poulet tandoori :** 2 tranches de pain de mie aux céréales • 1 blanc de poulet cuit • 1 cuil. à café de yaourt à la grecque • 1 pincée de mélange d'épices tandoori • 1 cuil. à café de coriandre hachée • 1 cuil. à café de chutney à la mangue • Sel, poivre
Club volaille, tomates séchées et gouda : 2 tranches de pain de mie complet • 1 blanc de poulet cuit • 25 g de gouda râpé • 4 tomates séchées • 1 cuil. à café de mayonnaise • 1 cuil. à soupe de mélange chili powder

1. Le club au saumon : nettoyez le citron sous l'eau froide. Râpez-le afin de recueillir le zeste, puis pressez-en 1 quartier. Dans un bol, mélangez le jus, le zeste et le fromage. Poivrez légèrement. Étalez le fromage sur 1 tranche de pain, puis déposez le saumon. Étalez une nouvelle couche de fromage sur 1 tranche de pain et refermez le club, le saumon pris entre 2 couches de fromages. Coupez en 4 triangles.

2. Le club au poulet : tranchez le poulet en fines escalopes. Mélangez le yaourt, les épices et la coriandre. Étalez sur 1 tranche de pain. Couvrez de poulet, étalez du chutney sur 1 autre tranche de pain et fermez le club. Coupez en 4 triangles.

3. Le club au gouda : mélangez la mayonnaise avec les épices et étalez sur le pain. Tranchez le poulet en fines escalopes. Ajoutez-le sur le pain, puis couvrez avec le gouda et les tomates séchées. Coupez en 4 triangles. Répartissez les clubs dans les bento (2 triangles de chaque sandwich) et gardez au frais (jusqu'à 24 h).

CLUB AU PESTO ET CLUB AUX RADIS

Pour 2 bento
15 min de préparation

MATÉRIEL
Mixeur
Râpe

INGRÉDIENTS : Club pesto, tomates, mozzarella : 2 tranches de pain de mie aux céréales • ½ tomate • ½ boule de mozzarella di buffala • 2 brins de basilic • 1 cuil. à café de pignons de pin • 1 cuil. à soupe d'huile d'olive • Sel, poivre **Club roquette, radis et fromage frais :** 2 tranches de pain de mie complet • 8 radis • 1 petite poignée de roquette • 25 g de fromage frais de type St Môret® • Sel, poivre du moulin

1. Le club au pesto : dans le bol d'un mixeur, mettez les feuilles de basilic, les pignons de pin, l'huile d'olive, du sel et du poivre. Mixez afin d'obtenir une purée de pesto fine.

2. Ébouillantez la tomate 30 s. Passez-la ensuite sous l'eau froide, épluchez-la et coupez-la en fines tranches. Coupez la mozzarella en 4 tranches.

3. Sur 1 tranche de pain, étalez un peu de pesto, posez par-dessus des tranches de tomate et de mozzarella. Mettez à nouveau un peu de pesto sur 1 tranche de pain, fermez le sandwich et coupez-le en 4 triangles.

4. Le club aux radis : nettoyez et retirez les fanes des radis. Râpez-les finement à l'aide d'un robot ou d'une râpe adéquate et versez dans un tamis avec 1 pincée de sel afin qu'ils perdent un peu de leur eau. Lavez et essorez la roquette.

5. Étalez du fromage frais sur 1 tranche de pain. Poivrez, puis déposez les radis râpés et la roquette. Tartinez à nouveau un peu de fromage sur le pain et refermez le sandwich. Pressez-le légèrement afin de bien lier et coupez en 4 triangles.

6. Disposez 2 triangles de chaque sandwich dans les bento.

DIPS DE LÉGUMES ET SALADE DE PÂTES

Pour 2 bentos
30 min de préparation
15 min de cuisson

INGRÉDIENTS : Dips de légumes : 1 carotte • 1 concombre • 1 petit chou-fleur • 1 tige de céleri • ½ citron • Fleur de sel, poivre du moulin **Salade de pâtes :** 100 g de pâtes multicolores • 100 g de tomates cerise • ½ melon de Cavaillon • 2 cuil. à soupe de pignons de pin • 2 cuil. à soupe de vinaigre balsamique • 6 cuil. à soupe d'huile d'olive • Sel, poivre

1. Faites cuire les pâtes *al dente*. Égouttez-les et rafraîchissez-les sous l'eau froide.

2. Coupez les tomates cerise en deux. Retirez les graines du demi-melon, coupez-le en quatre et coupez la chair en morceaux de 2 cm d'épaisseur.

3. Dans une poêle, faites griller les pignons de pin. Dès qu'ils commencent à dorer, retirez-les de la poêle.

4. Répartissez les pâtes dans les bento. Ajoutez ensuite les tomates cerise, le melon, le vinaigre balsamique, l'huile d'olive, le sel, le poivre et terminez par les pignons de pin grillés.

5. Épluchez la carotte et le concombre avant de les couper en bâtonnets. Nettoyez le chou-fleur et coupez les sommités. Lavez et coupez le céleri en bâtonnets.

6. Disposez les légumes harmonieusement dans les bento, salez, poivrez et ajoutez quelques gouttes de jus de citron.

CONSEILS

Vous pouvez servir ces bâtonnets de légumes avec un tzatziki (fromage blanc mélangé à des dés de concombre, du sel, du poivre, du jus de citron et de l'huile d'olive) ou un guacamole : écrasez 1 avocat mûr avec 1 tomate pelée et hachée, puis ajoutez le jus de 1 demi-citron vert, 1 pincée de chili powder (mélange d'épices à la mexicaine), du sel et du poivre.

4

SOUPES ET VELOUTÉS

SOUPE DE HADDOCK AUX POIREAUX

Pour 4 à 6 personnes
30 min de préparation
30 min de cuisson

MATÉRIEL
Râpe

INGRÉDIENTS : 400 g haddock sans la peau • 40 cl de bouillon de légumes ou 1 cube de bouillon de légumes bio + 40 cl d'eau • 60 cl de lait de coco • 1 feuille de laurier • 2 brins de thym • 250 g de mini-poireaux • 2 gousses d'ail • 200 g de petits pois surgelés • 1 citron • 2 cuil. à soupe d'huile d'olive • Sel, poivre du moulin

1. Rincez le haddock sous l'eau froide. Dans une casserole, déposez le poisson coupé en gros tronçons, couvrez avec le bouillon et le lait de coco. Ajoutez le laurier et 1 brin de thym, puis faites chauffer pendant 15 min sans ébullition.

2. Lavez et coupez en morceaux biseautés d'environ 1 cm les poireaux. Pelez et écrasez les gousses d'ail. Dans une poêle, versez l'huile d'olive, puis faites revenir les poireaux avec l'ail. Salez et poivrez. Lorsque les poireaux sont dorés et juste cuits (ils doivent rester croquants), coupez le feu.

3. Égouttez le hadock et laissez-le refroidir avant de retirer la peau, puis émiettez grossièrement la chair. Filtrez le bouillon et remettez-le à chauffer dans la casserole. Une fois à ébullition, ajoutez les petits pois et faites cuire 10 min à feu moyen. Prélevez les zestes du citron à l'aide d'une râpe, puis mélangez-les au bouillon. À la fin de la cuisson, coupez le feu et remettez le haddock émietté pour le réchauffer.

4. Servez la soupe bien chaude et parsemez de poireaux émincés, décorez avec du thym frais.

CRÈME DE CONCOMBRE AU CRABE

Pour 4 personnes
5 min de préparation
30 min de dégorgeage

MATÉRIEL
Blender

INGRÉDIENTS : 1 ½ concombre • 1 yaourt grec (125 g) • 60 ml de crème liquide • 1 brin d'aneth • 4 tranches de pain • Quelques pincées de piment de Cayenne • 1 cuil. à soupe de gros sel • Sel, poivre
Pour le service : 1 petit pot de rillettes de crabe (au rayon frais) • Tartines de pain toastées

1. Rincez le concombre sous l'eau froide. Séchez-le bien, tranchez les extrémités et coupez-le en deux dans sa longueur. Retirez les pépins et détaillez la chair en dés. Déposez les dés dans une passoire et saupoudrez-les de gros sel. Laissez dégorger pendant 30 min.

2. Rincez soigneusement le concombre sous l'eau froide. À l'aide d'un blender, mixez le concombre avec le yaourt et la crème. Salez, poivrez, et relevez avec un peu de piment de Cayenne et d'aneth ciselé.

3. Servez avec des tartines de pain toastées et des rillettes de crabe.

BOUILLON DE COCO AUX CREVETTES ET NOUILLES DE RIZ

Pour 4 à 6 personnes
20 min de préparation
10 min de cuisson

MATÉRIEL
Presse-agrumes

INGRÉDIENTS : 800 g de grosses crevettes crues • 5 oignons nouveaux • 3 cm de gingembre frais • 2 blancs de citronnelle (bâtons) • 2 piments rouges • 5 branches de coriandre • 80 cl de lait de coco • 3 cuil. à soupe de sauce poisson (nuoc-mâm) • ½ citron vert • 200 g de nouilles de riz

1. Décortiquez et retirez le boyau des crevettes en incisant la moitié de la partie supérieure de la crevette. Pelez la première peau des oignons nouveaux et émincez finement la partie verte. Pelez et hachez le gingembre. Coupez en très fines lamelles les tiges de citronnelle. Ôtez le pédoncule et coupez en deux les piments, puis retirez les graines à l'intérieur. Hachez-les ensuite finement. Lavez et effeuillez la coriandre.

2. Dans une grande casserole, faites chauffer pendant 5 min le lait de coco avec le gingembre, la citronnelle, les piments rouges. Ajoutez ensuite les crevettes, la sauce poisson, le jus du demi-citron vert et les nouilles de riz, puis laissez mijoter pendant 3 min.

3. Servez le bouillon chaud parsemé de coriandre et d'oignons nouveaux émincés.

SOUPE DE POIVRONS ET CROÛTONS

Pour 4 personnes
30 min de préparation
35 min de cuisson

MATÉRIEL
Blender

INGRÉDIENTS : 6 poivrons rouges • 2 carottes • 1 échalote • 600 ml de bouillon de légumes • 2 cuil. à soupe de cassonade • 4 tranches de pain d'épice • 2 cuil. à soupe d'huile d'olive • 15 g de beurre • Sel, poivre

1. Préchauffez le gril du four. Rincez les poivrons sous l'eau froide et séchez-les bien. Coupez-les en deux. Retirez les pédoncules, les graines et les membranes blanches. Déposez-les sur une plaque allant au four tapissée de papier cuisson et enfournez pendant 20 min.

2. Sortez les poivrons du four et enfermez-les dans un sac plastique une dizaine de minutes afin de les peler plus facilement. Coupez la chair en lanières.

3. Épluchez l'échalote et les carottes. Ciselez finement l'échalote et coupez les carottes en fines rondelles de 0,5 cm d'épaisseur environ.

4. Faites chauffer l'huile d'olive dans une cocotte, ajoutez l'échalote et laissez-la dorer quelques minutes. Ajoutez les poivrons, les carottes et le bouillon et laissez cuire, à couvert et à feu modéré, pendant 15 min.

5. À l'aide d'un blender, mixez les légumes avec un peu de jus de cuisson. Ajoutez la cassonade, puis mixez une nouvelle fois. Rectifiez l'assaisonnement. Laissez refroidir.

6. Coupez en dés les tranches de pain d'épice. Faites fondre le beurre dans une poêle, ajoutez les dés de pain d'épice et faites-les dorer quelques minutes. Servez immédiatement avec la soupe refroidie.

SOUPE DE FANES DE RADIS

Pour 4 personnes
25 min de préparation
20 min de cuisson
30 min de refroidissement

MATÉRIEL
Blender

INGRÉDIENTS : 360 g de fanes de radis (env. 2 bottes) • 2 échalotes • 1 l de bouillon de légumes • 20 g de beurre • 100 ml de crème liquide • Sel, poivre **Pour le beurre aux radis :** 70 g de beurre demi-sel • 3 ou 4 radis • 3 ou 4 fanes • 4 tranches de pain noir

1. Nettoyez les fanes de radis dans un grand volume d'eau vinaigrée. Jetez les fanes les plus abîmées. Séchez-les bien. Épluchez les échalotes et ciselez-les finement.

2. Faites fondre le beurre dans une cocotte. Ajoutez les échalotes et laissez-les dorer quelques minutes. Ajoutez les fanes de radis et le bouillon de légumes. Laissez mijoter, à couvert et à feu modéré, pendant 15 min.

3. À l'aide d'un blender, mixez les fanes de radis avec la crème. Ajoutez du bouillon de cuisson au fur et à mesure en fonction de la consistance désirée. Rectifiez l'assaisonnement.

4. Réalisez le beurre aux radis : mixez ensemble, par pulsions, le beurre, les radis et les fanes. Façonnez le mélange en rouleau, enveloppez-le dans du film alimentaire et faites durcir au réfrigérateur pendant 30 min. tartinez ce beurre sur du pain noir. Servez avec la soupe chaude.

SOUPE DE LENTILLES CORAIL ET CROÛTONS

Pour 6 personnes
25 min de préparation
35 min de cuisson

MATÉRIEL
Blender

INGRÉDIENTS : 1 oignon • 1 carotte • 2 cuil. à café de curry • 40 cl de lait de coco • 400 g de tomates pelées et concassées (en conserve ou non) • 60 cl de bouillon de volaille ou 1 cube de bouillon de volaille bio + 60 cl d'eau • 200 g de lentilles corail • 1 morceau de gingembre frais • 6 tranches de pain de campagne • 5 brins de coriandre • 2 cuil. à soupe d'huile d'olive • Sel, poivre du moulin

1. Épluchez et émincez l'oignon. Pelez et coupez en cubes la carotte. Dans une cocotte, faites suer l'oignon dans l'huile d'olive avec 1 pincée de sel. Une fois qu'il est translucide, ajoutez les dés de carotte et le curry, poursuivez la cuisson pendant 5 min en remuant régulièrement. Versez le lait de coco, les tomates, le bouillon de volaille et les lentilles. Portez à ébullition, puis laissez mijoter à couvert pendant 25 min, jusqu'à ce que les lentilles soient tendres.

2. Égouttez grossièrement les légumes en conservant le bouillon de cuisson. Mixez-les finement en versant au fur et à mesure le bouillon pour ajuster l'onctuosité de la soupe. Rectifiez l'assaisonnement si nécessaire.

3. Pelez le gingembre. Faites griller les tranches de pain sous le gril du four ou dans un grille-pain, puis frottez-les avec le gingembre frais. Découpez les tranches en cubes.

4. Servez la soupe chaude accompagnée de croûtons et décorez avec des feuilles de coriandre.

SOUPE DE CRESSON AUX POIRES

Pour 4 personnes
15 min de préparation
12 min de cuisson

MATÉRIEL
Blender

INGRÉDIENTS : 2 bottes de cresson • 1 grosse échalote • 2 poires mûres à point • 20 g de beurre • 1 l de bouillon de légumes bio • 60 ml de crème liquide • 75 g de fromage bleu (roquefort, bleu d'Auvergne, bleu de Gex...) • Sel, poivre

1. Nettoyez le cresson dans un grand volume d'eau vinaigrée. Égouttez-le bien. Épluchez l'échalote et ciselez-la finement. Détaillez le fromage en petits dés. Pelez les poires. Coupez-les en quatre. Retirez le cœur et les pépins. Détaillez chaque quartier en quatre.

2. Faites fondre le beurre dans une cocotte. Ajoutez les échalotes et les poires. Laissez dorer quelques minutes.

3. Ajoutez le cresson, puis le bouillon de légumes et laissez cuire, à couvert et à feu modéré, pendant 6 à 8 min.

4. À l'aide d'un blender, mixez les légumes en ajoutant du jus de cuisson au fur et à mesure selon la consistance désirée. Versez la crème, puis mixez de nouveau. Rectifiez l'assaisonnement.

5. Préchauffez le four en position gril. Étalez du fromage bleu sur des tranches de pain. Faites-les dorer quelques minutes sous le gril. Servez aussitôt avec la soupe.

VARIANTE

Vous pouvez également déguster ce velouté froid avec les tartines chaudes.

SOUPE AU CHOU

Pour 4 à 6 personnes
20 min de préparation
25 min de cuisson

INGRÉDIENTS : ½ chou vert • 4 pommes de terre (type charlotte) • 3 carottes • 2 navets • 2 oignons • 100 g de lardons fumés • 1,5 l de bouillon de légumes ou 2 cubes de bouillon de légumes bio + 1,5 l d'eau • 20 g de beurre • Sel, poivre du moulin

1. Retirez le cœur du demi-chou et émincez-le. Pelez les pommes de terre, les carottes, les navets et taillez-les en petits cubes. Épluchez les oignons et émincez-les.

2. Dans une cocotte, faites fondre le beurre, puis ajoutez les oignons avec 1 pincée de sel. Une fois qu'ils sont translucides, ajoutez le chou émincé et les carottes, puis faites-les fondre à feu doux. Ajoutez ensuite le reste des légumes et les lardons, poursuivez la cuisson pendant 5 min en remuant régulièrement, puis versez le bouillon. Couvrez et portez à ébullition, puis laissez cuire à feu doux pendant 15 min. Rectifiez l'assaisonnement si nécessaire.

3. Servez la soupe bien chaude.

STAUB

PHÔ VIETNAMIEN

Pour 4 à 6 personnes
30 min de préparation
35 min de cuisson

INGRÉDIENTS : 1 petit morceau de gingembre non pelé • 1 oignon • 2 échalotes • 1,5 l de bouillon de bœuf ou 2 cubes de bouillon de bœuf bio + 1,5 l d'eau • 1 bâton de cannelle • 3 étoiles d'anis • 1 cuil. à café de poivre noir en grains • 2 cuil. à soupe de sauce de poisson • 1 cuil. à soupe de sucre **Pour servir :** 100 g de germes de soja • 2 citrons verts • ½ bouquet de coriandre • ½ bouquet de basilic thaï • 2 oignons nouveaux • 1 piment rouge • 400 g de nouilles de riz fraîches • 200 g de filet de bœuf cru tranché très finement • ¼ de bouquet de menthe

1. Émincez le gingembre sans retirer la peau. Pelez et coupez en deux l'oignon et les échalotes. Portez à ébullition le bouillon de bœuf dans une casserole avec le gingembre, l'oignon, les échalotes, les épices, la sauce poisson et le sucre. Couvrez et laissez mijoter pendant 30 min. Filtrez ensuite le bouillon, jetez les éléments solides et remettez-le dans la casserole.

2. Dans une petite casserole, portez de l'eau salée à ébullition. Plongez les germes de soja 30 s, puis rafraîchissez-les sous l'eau froide et égouttez-les. Coupez en quartiers les citrons verts. Lavez et effeuillez les herbes aromatiques, puis disposez-les dans des bols.

3. Émincez la partie verte des oignons nouveaux, réservez dans un petit bol pour le service. Retirez le pédoncule du piment, coupez-le en deux et retirez les graines, puis émincez finement la chair. Répartissez dans chaque bol des nouilles, des germes de soja et des lamelles de bœuf. Versez par-dessus du bouillon bien chaud.

4. Servez la soupe accompagnée des différents condiments : les herbes aromatiques, les oignons nouveaux, le piment rouge et les quartiers de citrons.

VARIANTE

Vous pouvez acheter du carpaccio de bœuf tout prêt sans marinade.

GASPACHO

Pour 4 à 6 personnes
15 min de préparation
3 h de réfrigération

MATÉRIEL
Blender

INGRÉDIENTS : 1 concombre • 1 poivron rouge ou vert • 600 g de tomates très mûres • 3 oignons verts • Quelques brins de ciboulette • 1 tranche de pain blanc rassis (sans la croûte) • 6 cuil. à soupe d'huile d'olive • 2 cuil. à soupe de vinaigre de xérès • Sel, poivre

1. Lavez les légumes. Coupez le concombre en deux dans sa longueur et retirez les graines.

2. Épluchez le poivron à l'aide d'un économe, coupez-le en deux, puis retirez les graines et les membranes blanches. Mondez, puis épépinez les tomates. Détaillez-les en morceaux. Épluchez les oignons verts (gardez 2 ou 3 cm de tige).

3. Mettez tous les légumes et les autres ingrédients dans un blender. Mixez finement. Ajoutez de l'eau fraîche selon la consistance désirée. Assaisonnez.

4. Servez frais, en ajoutant éventuellement quelques glaçons. Accompagnez d'une chapata aux olives noires.

MINESTRONE

Pour 4 personnes
20 min de préparation
12 h de trempage
1 h 40 de cuisson

MATÉRIEL
Râpe

INGRÉDIENTS : 100 g de haricots blancs secs • 1 grosse courgette ou 2 petites • 2 côtes de céleri • 2 carottes • 3 tomates fraîches (ou en boîte) • 1 oignon • 2 gousses d'ail • 100 g de pâtes courtes • 1 l de bouillon de volaille • 40 g de parmesan râpé • 4 branches de basilic • 4 cuil. à soupe d'huile d'olive • Sel, poivre

1. La veille, faites tremper les haricots blancs dans trois fois leur volume d'eau froide.

2. Le jour même, égouttez les haricots et rincez-les. Déposez-les dans une grande casserole et recouvrez-les d'eau froide. Portez à ébullition pendant 10 min en écumant régulièrement. Couvrez la casserole à moitié et laissez mijoter pendant 1 h. Les haricots doivent être tendres. Égouttez-les.

3. Épluchez les gousses d'ail et l'oignon, hachez-les finement. Lavez les courgettes et le céleri. Épluchez les carottes. Coupez tous les légumes en petits dés. Mondez, épépinez et concassez les tomates.

4. Faites chauffer l'huile dans une casserole à fond épais, ajoutez l'ail, l'oignon et le céleri. Laissez revenir quelques minutes à feu doux, puis ajoutez les carottes, les courgettes, les haricots blancs et le bouillon de volaille et poursuivez la cuisson. Au bout de 15 min, ajoutez les pâtes et les tomates, et faites cuire 8 min de plus. Rectifiez l'assaisonnement et servez avec du basilic ciselé et du parmesan râpé.

SOUPE FROIDE D'AVOCATS ET COCO

Pour 4 personnes
10 min de préparation

MATÉRIEL
Blender

INGRÉDIENTS : 2 avocats mûrs à point • 2 oignons nouveaux • 200 ml de lait de coco spécial cuisine • Le jus de 2 citrons verts • 2 ou 3 pincées de piment de Cayenne • 1 dizaine de tortillas chips (pour servir) • Sel, poivre

1. Coupez les avocats en deux, retirez les noyaux. À l'aide d'une cuillère à soupe, prélevez la chair des avocats. Déposez-la dans un blender avec le lait de coco, le jus de citron et 200 ml d'eau. Mixez finement.

2. Émincez les oignons avec une partie de la tige verte et ajoutez-les à la soupe. Salez, poivrez et relevez avec une touche de piment de Cayenne. Réservez au frais jusqu'au moment de servir.

3. Servez avec des tortillas chips.

SOUPE FROIDE DE MELONS ET BRESAOLA

Pour 4 personnes
10 min de préparation

MATÉRIEL
Blender

INGRÉDIENTS : 2 melons • 4 tranches de bresaola • 4 cuil. à café d'huile d'olive • 12 feuilles de basilic (+ quelques petites feuilles pour décorer) • Sel, poivre

1. Coupez les melons en deux, retirez-en les pépins. Récupérez la chair, que vous déposez dans un blender avec les feuilles de basilic, mixez puis assaisonnez. Versez la soupe obtenue dans des ramequins et réservez-la au frais.

2. Juste avant de servir, déposez 1 tranche de bresaola et ajoutez un filet d'huile d'olive dans chaque ramequin. Décorez avec quelques petites feuilles de basilic. Servez sans attendre.

CONSEIL

Servez avec des tuiles de parmesan.

5

PLATS AU MICRO-ONDES

LA VRAIE CARBONARA

Pour 4 personnes
20 min de préparation
5 min de cuisson

INGRÉDIENTS : Pâtes : 400 g de tagliolinis du commerce **Sauce :** 150 g de pancetta • 2 gousses d'ail • 4 jaunes d'œufs • 100 g de parmesan râpé • 1 filet d'huile d'olive • Sel, poivre

1. Préparez la sauce. Coupez la pancetta en lanières. Pelez les gousses d'ail, coupez-les en deux et ôtez les germes si nécessaire puis hachez-les finement.

2. Dans une poêle, faites rissoler pendant 2 min environ la pancetta en la mélangeant souvent.

3. Dans un bol, mélangez les jaunes d'œufs, 40 g de parmesan râpé et les gousses d'ail hachées. Battez vigoureusement tout en versant 1 filet d'huile d'olive. Il faut obtenir la consistance d'une mayonnaise. Salez et poivrez.

4. Plongez les tagliolinis dans une casserole d'eau bouillante salée et laissez-les cuire selon le temps indiqué sur le paquet. Quand ils sont cuits *al dente*, prélevez un peu d'eau de cuisson. Égouttez les tagliolinis et mélangez-les dans la poêle avec la pancetta et les œufs battus. Ajoutez un peu d'eau de cuisson des pâtes, mélangez 30 s environ. Servez avec le reste de parmesan.

FARFALLES AUX LÉGUMES GRILLÉS ET PARMESAN

Pour 4 personnes
45 min de préparation
1 h de repos
50 min de cuisson

INGRÉDIENTS : Pâtes : 400 g de farfalles du commerce **Garniture :** 1 poivron rouge • 1 poivron jaune • 3 gousses d'ail • 3 branches de basilic • 1 aubergine • 1 courgette • 50 g de parmesan • 15 cl d'huile d'olive • Sel, poivre

1. Préchauffez le four à 200 °C (th. 6-7).

2. Préparez la garniture. Coupez les poivrons en deux, épépinez-les. Posez-les peau au dessus sur la plaque du four recouverte de papier sulfurisé. Enfournez pour environ 20 à 25 min. Vérifiez la cuisson de temps en temps. Les poivrons doivent légèrement noircir sur toute la surface. Dès qu'ils forment de grosses cloques et juste avant qu'ils ne brûlent complètement, sortez-les du four, déposez-les dans un saladier, couvrez d'un film alimentaire et laissez refroidir 15 min environ. N'éteignez pas le four.

3. Épluchez les gousses d'ail, ôtez les germes, puis coupez-les en lamelles.

4. Coupez l'aubergine et la courgette dans le sens de la longueur en tranches épaisses de 0,5 cm. Étalez-les sur la plaque du four recouverte de papier sulfurisé, badigeonnez d'huile d'olive à l'aide d'un pinceau toutes les tranches puis salez. Enfournez pour 10 min. Surveillez la cuisson. Lorsque les tranches d'aubergine et de courgette sont dorées, retournez-les. Enfournez à nouveau pour 10 min. Surveillez la cuisson.

5. Coupez les poivrons en lanières puis faites-les macérer 1 h dans un mélange de 10 cl d'huile d'olive, d'ail, de basilic, de sel et de poivre.

6. Faites des copeaux de parmesan à l'aide d'un économe.

7. Plongez les farfalles dans une casserole d'eau bouillante salée et laissez-les cuire selon le temps indiqué sur le paquet. Quand elles sont cuites *al dente*, égouttez-les et mélangez-les avec les légumes, dans la casserole sur feu doux pendant 2 min. Servez avec les copeaux de parmesan.

ASTUCES

Cette recette peut aussi être servie froide.
Pour gagner du temps, achetez des légumes déjà grillés et macérés.

RISOTTO DE SARRASIN AUX CÈPES

Pour 4 personnes
25 min de préparation
25 min de cuisson

MATÉRIEL
Mixeur

INGRÉDIENTS : 1 cube de bouillon de légumes bio • 2 échalotes • 2 gousses d'ail • 1 cuil. à soupe d'huile d'olive • 5 cl de vin blanc • 250 g de sarrasin en grains • 250 g de cèpes • 20 g de beurre • 10 cl de crème légère ou de soja • 40 g de noisettes ou de noix • Persil

1. Diluez le cube de bouillon dans 50 cl d'eau et portez à ébullition. Pelez les échalotes et les gousses d'ail (dégermez-les), hachez-les. Dans une cocotte, faites-les revenir dans l'huile d'olive puis ajoutez le vin blanc et le sarrasin avec la moitié du bouillon chaud. Mélangez et laissez le sarrasin absorber le bouillon avant d'ajouter le reste du bouillon.

2. Pendant ce temps, ôtez la base terreuse des cèpes, puis nettoyez-les à l'eau claire, essuyez-les délicatement et coupez-les en lamelles.

3. Faites fondre le beurre dans une poêle et placez-y les champignons. Laissez cuire à feu doux pendant 5 min.

4. Ajoutez les cèpes à la cocotte et versez la crème légère. Mélangez et décorez de persil ciselé.

5. Mixez grossièrement les noix ou les noisettes et parsemez-en votre risotto.

CONSEIL D'ACHAT

Choisissez des cèpes frais (en saison) pour cette recette. Vous pouvez aussi prendre des champignons de Paris pour réduire le coût, mais le résultat sera moins savoureux.

COURGETTI AU PESTO DE BASILIC ET DE NOIX

Pour 4 personnes
15 min de préparation
10 min de cuisson

MATÉRIEL
Mixeur

INGRÉDIENTS : 8 courgettes • 40 g de basilic • 80 g de noix + pour servir • 3 gousses d'ail • 10 cl d'huile d'olive • 50 g de parmesan râpé • Sel, poivre

1. Taillez les courgettes en spaghettis et faites-les cuire à la vapeur une dizaine de minutes.

2. Préparez le pesto dans le bol d'un mixeur : réunissez le basilic, les noix et les gousses d'ail pelées. Salez, poivrez, mixez puis versez l'huile d'olive et le parmesan râpé jusqu'à l'obtention d'une sauce onctueuse.

3. Servez les pâtes de courgettes avec le pesto et quelques noix grossièrement hachées.

CONSEILS

S'il reste du pesto, écrasez et grattez un peu d'ail sur des toasts et tartinez-les de pesto, ils accompagneront délicieusement ce plat.

SPAGHETTIS JAMBONS ET SAUCE AUX TRUFFES

Pour 4 personnes
10 min de préparation
15 min de cuisson

INGRÉDIENTS : Pâtes : 400 g de spaghettis du commerce **Garniture :** 20 cl de crème liquide entière • 60 g de sauce aux truffes et champignons • 100 g de jambon cru • 100 g de jambon blanc • 100 g de parmesan fraîchement râpé • Sel, poivre

1. Préparez la sauce. Dans une casserole, faites chauffer à feu doux la crème et la sauce aux truffes pendant environ 10 min.

2. Coupez le jambon cru en lanières et le jambon blanc en petits dés.

3. Plongez les spaghettis dans une casserole d'eau bouillante salée et laissez-les cuire selon le temps indiqué sur le paquet. Dès qu'ils sont cuits *al dente*, égouttez-les et versez-les dans la casserole avec la sauce. Ajoutez les 2 jambons et le parmesan. Salez et poivrez. Mélangez et servez.

PARPADELLES AUX CÈPES ET POULET À LA CRÈME

Pour 4 personnes
30 min de préparation
20 min de cuisson

INGRÉDIENTS : Pâtes : 400 g de parpadelles du commerce **Garniture :** 300 g de cèpes frais • 3 blancs de poulet • 2 gousses d'ail • ½ botte de persil plat • 20 cl de crème liquide • 20 g de beurre • 2 filets d'huile d'olive • 1 filet d'huile de truffe blanche • 100 g de parmesan fraîchement râpé • Sel, poivre

1. Préparez la garniture. Brossez les cèpes. Coupez-les grossièrement en tranches épaisses. Coupez les blancs de poulet en lanières. Pelez et ôtez les germes des gousses d'ail. Hachez-les finement ou écrasez-les avec un presse-ail. Ciselez le persil.

2. Dans une large poêle, faites chauffer 1 filet d'huile d'olive puis faites revenir à feu vif les lanières de poulet. Lorsqu'elles sont bien dorées, salez et poivrez puis mettez de côté dans une assiette. Dans la même poêle, versez de nouveau 1 filet d'huile d'olive et faites fondre le beurre. Lorsqu'il mousse, ajoutez les cèpes et faites-les revenir à feu vif pour obtenir une belle coloration. L'eau des champignons doit être complètement évaporée en fin de cuisson. Salez et ajoutez l'ail et le persil.

3. Ajoutez le poulet, les champignons et la crème dans la poêle. Mélangez et poursuivez la cuisson à feu doux pendant 5 min environ.

4. Plongez les pâtes dans une casserole d'eau bouillante salée et laissez-les cuire selon le temps indiqué sur le paquet. Quand elles sont cuites *al dente*, égouttez-les et versez-les dans la poêle avec le reste des ingrédients. Mélangez sur feu doux pendant 1 min. Versez 1 filet d'huile de truffe blanche et servez avec le parmesan râpé.

ASTUCE

Vous pouvez utiliser des cèpes surgelés.

GALETTES LÉGUMES

Pour 4 personnes
10 min de préparation
30 min de repos
15 min de cuisson

MATÉRIEL
Râpe à gros trous

INGRÉDIENTS : 150 g de flocons de pois cassés (ou de riz, d'avoine, d'orge, d'épeautre) • 2 carottes • 1 courgette • 1 cuil. à soupe de farine (de riz ou de blé) • Quelques brins d'estragon • ½ cuil. à café de mélange quatre-épices • 3 œufs • Huile pour la cuisson • Sel, poivre

1. Râpez les légumes et essorez-les soigneusement dans un torchon propre pour enlever un maximum d'eau de végétation.

2. Dans un saladier, mettez les légumes, les flocons, la farine et les feuilles d'estragon ciselées et le quatre-épices. Salez, poivrez et ajoutez les œufs, mélangez bien. Laissez reposer ce mélange pendant au moins 30 min pour faire gonfler les flocons de céréales.

3. Faites chauffer de l'huile dans une poêle antiadhésive et faites dorer des petits tas de pâte pour former les galettes. Laissez dorer pendant 5 min sur une face, retournez les galettes délicatement à l'aide d'une spatule et poursuivez la cuisson pendant encore 5 min de l'autre côté. Poursuivez en retournant les galettes régulièrement pendant 5 min supplémentaires.

4. Servez ces galettes avec une salade, ou à la place du steak dans des burgers.

VARIANTES

Variez les légumes selon les saisons comme le panais, le poireau, les rutabagas... Variez aussi les herbes et les épices selon votre goût.

PARMENTIER AU POULET RÔTI

Pour 6 personnes
40 min de préparation
1 h + 15 min de cuisson

MATÉRIEL
Presse-purée
Plat à gratin
Fouet

INGRÉDIENTS : Pour le poulet : 1 poulet de 1,2 kg • 20 cl d'eau • 5 cl d'huile d'olive • Herbes de Provence • Sel, poivre **Pour la purée :** 1 kg de pommes de terre bintje • 20 cl de lait • 20 g de beurre • Noix muscade • Sel, poivre **Avant d'enfourner :** 3 cuil. à soupe de chapelure

1. Préchauffez le four à 210 °C (th. 7). Déposez le poulet dans un plat. Badigeonnez-le d'huile d'olive. Salez et poivrez l'intérieur du poulet. Saupoudrez-le d'herbes de Provence puis enfournez-le pour 1 h en l'arrosant d'eau régulièrement. Il doit être bien doré (selon la taille du poulet, laissez-le cuire 1 h 15 si nécessaire selon la règle de 1 h par kilo). N'hésitez pas à ajouter un verre d'eau en fin de cuisson pour décoller les sucs de cuisson.

2. Préparez la purée : épluchez les pommes de terre, coupez-les en cubes et faites-les cuire pendant 25 min dans un grand volume d'eau bouillante salée. Égouttez-les et écrasez-les à l'aide d'un presse-purée puis salez, poivrez et ajoutez de la noix muscade. Fouettez la purée en versant le lait petit à petit, jusqu'à ce qu'elle soit bien lisse. Ajoutez le beurre en dernier et remuez. Réservez.

3. Dépiautez le poulet et coupez la viande en petits morceaux. Déposez-les dans un plat. Versez le jus de cuisson dessus. Répartissez la purée par-dessus le poulet, en égalisant bien à l'aide d'une fourchette. Saupoudrez avec la chapelure.

4. Enfournez pour 15 min de cuisson à 210 °C (th. 7), jusqu'à ce que la chapelure soit bien dorée. Vous pouvez mettre le gril pour que le dessus soit craquant.

PARMENTIER DE POIS CASSÉS AU CONFIT DE CANARD

Pour 5 à 6 personnes
2 h de trempage
25 min de préparation
50 min de cuisson

MATÉRIEL
Autocuiseur
Mixeur plongeant
Plat à gratin

INGRÉDIENTS : 3 cuisses de canard confit • 2 oignons rouges **Pour la purée de pois cassés :** 300 g de pois cassés secs • 1 oignon • 1 carotte • 1 cuil. à soupe d'huile d'olive • 1 cube de bouillon de légumes bio • 5 cl de crème de soja ou de crème légère • Sel, poivre du moulin

1. Faites tremper les pois cassés pendant 2 h. Au bout de ce temps, préparez la purée : égouttez les pois cassés. Épluchez l'oignon et émincez-le. Pelez la carotte, détaillez-la en rondelles.

2. Faites revenir les légumes avec l'huile d'olive dans un autocuiseur, puis ajoutez les pois cassés, le cube de bouillon et 50 cl d'eau.

3. Fermez l'autocuiseur et laissez cuire pendant 20 min après rotation de la soupape. Ajoutez la crème, mixez les pois cassés avec un mixeur plongeant et rectifiez l'assaisonnement. Réservez.

4. Égouttez les cuisses de canard, mettez-les dans une poêle et faites-les cuire à feu modéré pendant 15 min (enlevez la graisse au fur et à mesure avec une cuillère à soupe). Déposez les cuisses sur du papier absorbant, enlevez la peau, effilochez la chair et enlevez le « gras visible ».

5. Préchauffez le four à 180 °C (th. 6). Épluchez les oignons rouges et émincez-les. Faites-les revenir pendant 5 min avec 1 cuil. à soupe de graisse de canard, puis mélangez-les avec les morceaux de canard dans un grand plat à gratin. Mettez la purée de pois cassés sur le canard, recouvrez avec une feuille de papier aluminium et enfournez pendant 15 min pour réchauffer le tout.

INFO NUTRITION

Les pois cassés sont des petits pois cueillis à maturité. Riches en amidon, on les classe dans la famille des légumineuses. Leur IG est très bas (25). Ce plat est très rassasiant, même si sa teneur en graisses est modérée puisque les cuisses de canard sont dégraissées. Complétez votre repas par des crudités légèrement assaisonnées et par un laitage nature.

PETITS GRATINS AU POISSON

Pour 4 personnes
25 min de préparation
55 min de cuisson

MATÉRIEL
4 ramequins individuels

INGRÉDIENTS : 1 dos de cabillaud • 1 dos de saumon • 10 crevettes cuites • 1 feuille de laurier • 1 bouquet garni • 1 noix de beurre • 1 oignon • 2 carottes • 1 cuil. à soupe de farine • 10 cl de vin blanc sec • Persil frais haché • Noix muscade • 4 pistils de safran • Fromage râpé • Sel, poivre

1. Dans une grande cocotte, faites frémir un grand volume d'eau salée avec la feuille de laurier et le bouquet garni. Quand l'eau frémit, ajoutez le dos de saumon et laissez cuire 5 min. Au bout des 5 min, ajoutez le dos de cabillaud et laissez cuire 3 min (le dos de cabillaud cuit plus rapidement). Sortez les poissons et coupez-les en gros morceaux. Conservez le bouillon.

2. Dans une casserole, faites fondre la noix de beurre et déposez l'oignon émincé et les carottes coupées en petits cubes. Remuez, laissez cuire quelques minutes, puis saupoudrez de farine. Remuez puis versez le vin blanc. Mouillez avec 4 louches du bouillon des poissons.

3. Ajoutez les morceaux de poissons et les crevettes décortiquées. Ajoutez le persil haché, salez, poivrez, ajoutez de la noix muscade et le safran. Laissez mijoter pendant 20 min à feu moyen.

4. Préchauffez le four à 200 °C (th. 6-7). Répartissez la préparation dans 4 ramequins et saupoudrez de fromage râpé.

5. Faites dorer les petits gratins pendant 20 min jusqu'à ce que le fromage soit gratiné. Servez avec du riz.

CONSEIL

Préparez ce plat la veille, mais saupoudrez de fromage râpé et dorez les gratins au four le jour J.

PETITS CLAFOUTIS À LA RATATOUILLE ET AU FROMAGE

Pour 4 personnes
10 min de préparation
25 min de cuisson

MATÉRIEL
4 petits moules individuels

INGRÉDIENTS : Un reste de ratatouille (environ 500 g) • 80 g de tomme de brebis basque • 4 œufs • 20 cl de crème d'amande cuisine • 2 cuil. à soupe de farine complète • 4 brins de basilic • Noix muscade • Sel, poivre

1. Préchauffez le four à 180 °C (th. 6).

2. Dans un saladier, battez les œufs entiers avec la crème d'amande, la farine, du sel, du poivre et une pincée de noix muscade. Ajoutez la ratatouille, le basilic ciselé et les deux tiers du fromage coupés en petits dés.

3. Versez dans des petits moules et parsemez avec le reste de fromage coupé en lamelles.

4. Enfournez pour 25 min jusqu'à ce que les clafoutis soient dorés et un peu gonflés.

5. Servez avec une salade pour un repas léger.

VARIANTE

Tous les restes de légumes cuisinés peuvent être transformés ainsi en petits clafoutis.

CROQUETTES DE CHOU-FLEUR

Pour 12 croquettes (4 personnes)
35 min de préparation
35 min de cuisson

MATÉRIEL
Mixeur
Emporte-pièce rond de 7 cm de ø

INGRÉDIENTS : 1 chou-fleur • 4 cébettes (petits oignons blancs) • 60 g de parmesan râpé • Piment de Cayenne • 2 œufs • 2 cuil. à soupe d'huile d'olive • Sel, poivre

1. Prélevez les bouquets de chou-fleur, lavez-les et passez-les au mixeur jusqu'à l'obtention d'une semoule fine. Placez cette semoule dans un saladier, salez et mettez au four à micro-ondes pendant 7 à 8 min, puis versez au centre d'un grand torchon propre. Laissez refroidir quelques instants.

2. Pendant ce temps, lavez et coupez finement les cébettes (gardez une partie de la tige verte).

3. Fermez le torchon pour former une boule et pressez-le pour faire sortir un maximum d'eau du chou-fleur. Insistez bien !

4. Remettez le chou-fleur essoré dans le saladier, puis ajoutez le parmesan et les cébettes. Salez, poivrez et ajoutez un peu de piment de Cayenne. Ajoutez les œufs et l'huile d'olive, mélangez bien, vous allez obtenir une sorte de pâte un peu épaisse.

5. Préchauffez le four à 200 °C (th. 6-7).

6. Façonnez des croquettes à l'aide d'un emporte-pièce et posez-les sur une plaque recouverte de papier cuisson. Tassez bien chaque croquette.

7. Enfournez pendant 35 min.

INFO NUTRITION

Accompagnez vos croquettes de chou-fleur de salade de mâche et tomates cerise et d'une tranche de pain intégral pour un repas végétarien et léger. Vous pouvez aussi les consommer en garniture, avec une brochette de poulet ou une viande grillée.

QUICHE TOURBILLON AUX LÉGUMES

Pour 4 personnes
30 min de préparation
45 min de cuisson

MATÉRIEL
Moule à tarte

INGRÉDIENTS : 1 pâte feuilletée • 1 cuil. à soupe de Savora® • 2 courgettes • 1 aubergine • 1 poivron • 3 œufs • 100 g de feta • 20 cl de crème de soja • 20 cl de lait

1. Préchauffez le four à 180 °C (th. 6). Étalez la pâte dans le moule et badigeonnez le fond de Savora®.

2. Épluchez les légumes puis, à l'aide d'une mandoline ou d'un économe, taillez-les dans le sens horizontal, afin d'obtenir des lanières. Disposez les lanières de légumes en spirale sur la pâte, en alternant chaque sorte de légumes, jusqu'à épuisement des ingrédients.

3. Dans un saladier, fouettez les œufs, ajoutez la feta émiettée, la crème et le lait. Mélangez et versez sur les légumes.

4. Enfournez pour 45 min de cuisson.

5. Servez cette quiche tiède avec une belle salade.

VARIANTES

N'hésitez pas à varier les plaisirs en panachant les légumes de votre choix.

QUICHE LORRAINE

Pour 6 personnes
15 min de préparation
45 min de cuisson

MATÉRIEL
Moule à tarte

INGRÉDIENTS : 1 pâte feuilletée • 150 g de lardons fumés • 3 œufs • 20 cl de lait • 10 cl de crème • 1 pincée de noix muscade • Sel, poivre

1. Préchauffez le four à 180 °C (th. 6). Étalez la pâte et disposez-la dans le moule. Parsemez de lardons.

2. Dans un saladier, fouettez les œufs, le lait, la crème et la muscade. Salez et poivrez.

3. Versez la préparation aux œufs sur la pâte et enfournez pour 45 min.

QUICHE AUX OIGNONS, MIEL ET BLEU D'AUVERGNE

Pour 4 personnes
30 min de préparation
40 min de cuisson

MATÉRIEL
Moule à tarte rectangulaire
(35 x 10 cm) ou rond (26 cm de ø)

INGRÉDIENTS : Pour la pâte : 150 g de farine d'épeautre complète T130 • 50 g de poudre d'amandes • 7,5 cl d'eau tiède • 7,5 cl d'huile d'olive • 1 cuil. à café de sel fin **Pour la garniture :** 2 gros oignons jaunes ou 4 petits • ½ cuil. à café de miel d'acacia • 50 g de bleu d'Auvergne • 2 œufs • 13 cl de crème de soja (ou autre crème) • 1 bonne pincée de sel • Poivre

1. Préparez la pâte : dans un saladier, mettez la farine, la poudre d'amandes, le sel, mélangez et faites un puits.

2. Ajoutez l'eau tiède et l'huile d'olive, mélangez et faites une boule avec les mains.

3. Abaissez la pâte sur du papier sulfurisé préalablement fariné à la taille de votre moule. Beurrez le moule et déposez la pâte par-dessus ou alors déposez la pâte avec le papier sulfurisé dans le moule.

4. Parez la pâte (rabattez-la pâte qui dépasse pour la mouler sur les côtés), percez-la de petits coups de fourchette et réservez-la au frais pendant que vous préparez la garniture.

5. Préchauffez le four à 200 °C (th. 6-7). Épluchez les oignons et coupez des tronçons d'environ 1 cm. Faites-les dorer à la poêle quelques minutes de chaque côté en ajoutant un filet de miel en fin de cuisson, puis salez. Réservez.

6. Faites cuire la pâte à blanc pendant 10 min.

7. Dans un saladier, fouettez les œufs avec la crème de soja et assaisonnez de sel et de poivre.

8. Répartissez les oignons sur la pâte, puis mettez quelques morceaux de bleu par-dessus, et recouvrez de l'appareil à quiche.

9. Enfournez pour 30 min jusqu'à ce que l'appareil soit cuit (vous pouvez terminer les 5 dernières minutes de cuisson en mode gril pour colorer légèrement la quiche). Laissez refroidir avant de démouler.

ASTUCE

Majoritairement constituée d'oignons, la garniture de cette quiche est très économique et, coupée en cubes, elle fait un excellent apéritif.

6

DESSERTS ET PAUSES SUCRÉES

SALADE DE MELONS À LA MENTHE

Pour 4 personnes
10 min de préparation

MATÉRIEL
Cuillère parisienne

INGRÉDIENTS : 2 melons de Cavaillon • ½ melon d'eau ou jaune • 3 cuil. à soupe de sirop de sucre de canne • Le jus de ½ citron jaune • ½ bouquet de menthe

1. Coupez les melons en deux, enlevez les graines et, à l'aide d'une cuillère parisienne, prélevez des boules dans la chair des fruits.

2. Placez les boules de fruits dans un saladier. Arrosez de sirop de sucre de canne et de jus de citron. Réservez au frais jusqu'au moment de servir. Parsemez la salade de menthe ciselée au dernier moment.

VARIANTE

En saison, ajoutez de la pastèque (1 belle tranche) à cette salade.

PANNA COTTA AUX FRAMBOISES

Pour 2 bento
15 min de préparation
30 min d'infusion
15 min de cuisson
2 h de repos

MATÉRIEL
Mixeur

INGRÉDIENTS : 1 gousse de vanille • 20 cl de crème fleurette • 20 g de sucre semoule • 2 feuilles de gélatine ou 2 g d'agar-agar **Pour le coulis de framboises :** 100 g de framboises • ½ citron jaune • 1 cuil. à soupe de sucre semoule

1. Coupez la gousse de vanille en deux dans le sens de la longueur. Dans une casserole, mettez la gousse de vanille, la crème et le sucre. Portez à ébullition, coupez le feu et laissez infuser 30 min.

2. Pendant ce temps, faites tremper les feuilles de gélatine dans l'eau froide ou déliez l'agar-agar dans un peu d'eau. Faites à nouveau chauffer la crème et ajoutez la gélatine avant de sortir du feu. Si vous utilisez de l'agar-agar, portez une nouvelle fois à ébullition. Versez la crème au travers d'un tamis dans les bento et laissez prendre 2 h au frais.

3. Nettoyez les framboises. Pressez le demi-citron et mettez le jus dans une casserole avec le sucre et les framboises. Mixez longuement le tout avant de porter à ébullition. Laissez refroidir.

4. Sortez les panna cotta et couvrez de coulis de framboises avant de servir.

VARIANTES

Vous pouvez bien sûr vous passer de vanille et utiliser plutôt de la cannelle ou des étoiles de badiane. Vous n'êtes pas obligé de cuire le coulis, mais en le faisant, cela dissout totalement le sucre et homogénéise le tout. Pourquoi ne pas couler plutôt la panna cotta dans une boîte hermétique tapissée de film alimentaire ? Laissez prendre 2 h au frais avant de démouler et de couper en cubes. Mélangez ensuite les cubes avec les framboises entières et servez en salade.

MUFFINS AU CITRON ET À L'AMANDE

Pour 12 muffins
10 min de préparation
20 min de cuisson

MATÉRIEL
Zesteur ou râpe
12 moules à muffins en silicone

INGRÉDIENTS : 60 g de farine complète d'épeautre T130 • ½ sachet de levure chimique • 40 g de son d'avoine • 65 g de purée d'amandes blanche • 2 œufs • Les zestes d'1 citron bio ou non traité • 8 cl de sirop d'agave • 1 cuil. à soupe d'extrait de vanille ou 1 gousse de vanille • 5 cl de jus de citron fraîchement pressé

1. Préchauffez le four à 150 °C (th. 5).

2. Mélangez la farine, la levure et le son d'avoine dans un saladier. Faites un puits et ajoutez tous les autres ingrédients sauf le jus de citron. Mélangez bien.

3. Ajoutez le jus de citron en dernier, mélangez rapidement et versez immédiatement dans les moules à muffins (dès que la pâte se sera mise à mousser sous l'action du citron, moins vous la manipulerez et plus les muffins seront aérés). Enfournez pour 15 à 20 min.

INFO NUTRITION

Le citron permet d'abaisser d'environ 25 % l'impact sur la glycémie des aliments auxquels il est ajouté. Ici, il permet de faire mousser la pâte et lui donne ainsi une texture très aérienne.

FINANCIERS AUX NOISETTES

Pour 6 à 9 financiers
10 min de préparation
12 à 15 min de cuisson

MATÉRIEL
Moule à financiers en silicone
Batteur électrique

INGRÉDIENTS : 3 blancs d'œufs • 45 g de sucre de fleur de coco • 30 g de farine de sarrasin • 60 g de poudre de noisettes • 45 g de purée de noisettes bien fluide • 10 g de beurre

1. Préchauffez le four à 180 °C (th. 6). Placez les ingrédients dans différents petits bols.

2. Dans un saladier, montez les blancs d'œufs en neige à l'aide d'un batteur électrique. Lorsque les blancs sont devenus fermes, ajoutez le sucre de fleur de coco en trois fois, tout en continuant à battre. Ajoutez la farine de sarrasin, puis la poudre de noisettes, toujours en continuant de fouetter les blancs.

3. Arrêtez le batteur et ajoutez la purée de noisettes à la préparation en mélangeant délicatement à l'aide d'une spatule.

4. Beurrez légèrement des moules à financiers (en silicone de préférence) et versez-y la pâte. Enfournez pour 12 à 15 min (vérifiez la cuisson à l'aide d'une pointe de couteau), puis laissez tiédir avant de démouler. Dégustez tiède ou froid.

ASTUCE

Vous pouvez préparer votre propre poudre de noisettes à l'aide d'un moulin à café électrique. Il est possible de faire des financiers aux amandes en remplaçant la poudre et la purée de noisettes par de la poudre et de la purée d'amandes bien fluide.

INFO NUTRITION

Le sucre de fleur de coco (ou sucre de coco) est riche en vitamines du groupe B, en minéraux (potassium, zinc, cuivre) et en composés antioxydants. Son IG est très bas (IG = 35).

SCONES AU PRALIN ET AU MUESLI

Pour 6 à 8 scones
15 min de préparation
25 à 30 min de cuisson
15 min de repos

MATÉRIEL
Robot
Pinceau de cuisine

INGRÉDIENTS : Pour les scones : 300 g de farine + un peu pour le plan de travail • 1 sachet de levure • 60 g de cassonade • 30 g de beurre mou • 1 œuf entier + 1 jaune d'œuf • 125 ml de lait + un peu pour le *topping* **Pour le muesli :** 20 g de flocons de sarrasin • 10 g de baies de goji • 30 g de canneberges • 2 cuil. à café de graines de pavot • 15 g de noix de cajou concassées • 15 g de myrtilles déshydratées • 20 g d'éclats de pralin

1. Mélangez les ingrédients du muesli.

2. Dans le bol d'un robot, mélangez la farine, la levure et la cassonade. Ajoutez le muesli, mélangez et ajoutez le beurre. Battez pendant 1 min.

3. Dans un bol, battez l'œuf entier et le lait et ajoutez au mélange sec tout en battant. Formez une boule. Sur un plan de travail fariné, aplatissez la boule jusqu'à obtenir un disque plat de 15 cm de diamètre. Coupez-le en 6 ou en 8 triangles. Déposez-les sur une plaque de four recouverte de papier cuisson et laissez reposer à température ambiante pendant 15 min.

4. Mélangez dans un bol un peu de lait avec le jaune d'œuf. Badigeonnez-en les scones à l'aide d'un pinceau de cuisine.

5. Enfournez pour 10 à 15 min, jusqu'à obtenir une belle couleur dorée. Laissez tiédir sur une grille et dégustez sans plus attendre, tant qu'ils sont bien moelleux !

BARRES DE CÉRÉALES

Pour 4 personnes
10 min de préparation
15 min de cuisson
2 h de repos

MATÉRIEL
Petits moules à cakes

INGRÉDIENTS : 130 g de fruits secs (20 g de noisettes entières, 30 g d'amandes entières, 20 g de raisins blonds, 20 g de pignons de pin, 20 g de cranberries, 20 g de pistaches) • 250 g de muesli maison (réalisé avec un mélange de flocons de quinoa, de millet et de sarrasin) • 100 g de beurre demi-sel • 40 g de sirop d'agave • 20 g de sucre de canne

1. Préchauffez le four à 180 °C (th. 6). Mélangez les fruits secs et le muesli.

2. Dans une casserole, faites fondre le beurre, le sirop d'agave et le sucre. Versez le muesli et les fruits secs dans la casserole et mélangez bien.

3. Tassez fermement la préparation dans les moules et enfournez pour 15 min de cuisson.

4. Sortez du four et laissez reposer 2 h avant de démouler.

PETITS CARROT CAKES

Pour 10 petits gâteaux environ
25 min de préparation
20 min de cuisson

MATÉRIEL
Petits moules à gâteaux
(type moules à muffins)
Râpe

INGRÉDIENTS : 300 g de carottes • 2 œufs • 125 g de cassonade • 150 g de farine • 1 sachet de levure chimique • 75 g de poudre de noisettes • 2 pincées de sel • 1 cuil. à café de cannelle en poudre • 200 g de beurre pommade

1. Préchauffez le four à 190 °C (th. 6). Épluchez et râpez finement les carottes.

2. Dans un saladier, fouettez les œufs avec la cassonade. Ajoutez la farine et la levure tamisées, puis la poudre de noisettes. Ajoutez ensuite le sel, la cannelle, le beurre et les carottes.

3. Versez la pâte dans les moules, aux deux tiers de leur hauteur, puis enfournez pour 20 min de cuisson. Les gâteaux sont cuits lorsque la pointe d'un couteau enfoncée à cœur en ressort humide mais propre. Sortez-les du four et laissez-les refroidir un peu avant de les démouler.

VARIANTES

Vous pouvez remplacer la poudre de noisettes par de la poudre de noix ou d'amandes. Par ailleurs, vous pouvez agrémenter ces gâteaux d'un glaçage au fromage frais.

GÂTEAU À LA CONFITURE DE LAIT

Pour 4 personnes
15 min de préparation
2 h 30 de cuisson

MATÉRIEL
4 pots de yaourt en verre
1 plat à gratin

INGRÉDIENTS : 75 g de farine • ¼ de sachet de levure chimique • 1 œuf • 50 g de yaourt nature • 1,5 cl d'huile neutre • 50 g de cassonade (sucre roux en poudre) **Pour la confiture de lait :** 1 litre de lait entier • ½ cuil. à café de bicarbonate de soude • 350 g de sucre en poudre • 1 gousse de vanille

1. Préparez la confiture de lait : versez le lait, le bicarbonate de soude et le sucre dans une casserole, mélangez bien afin de dissoudre le tout. Fendez la gousse de vanille en deux, prélevez les graines et ajoutez-les au mélange. Faites bouillir le tout puis poursuivez la cuisson à feu moyen en remuant constamment pendant 10 min. Laissez ensuite cuire à feu très doux pendant 2 h, en remuant de temps en temps. La préparation est à point lorsque le mélange est devenu couleur ambre et lorsqu'il a une consistance de confiture. Réservez au frais.

2. Préchauffez le four à 180 °C (th. 6). Tamisez ensemble la farine et la levure chimique. Dans un saladier, fouettez vivement l'œuf et le yaourt. Versez l'huile et le sucre. Mélangez bien. Versez en trois fois le mélange farine-levure. Incorporez 50 g de confiture de lait et mélangez.

3. Versez la préparation dans les pots en verre. Déposez 1 cuil. à café de confiture de lait au centre de chacun.

4. Placez les pots dans le plat puis versez de l'eau à mi-hauteur. Enfournez pour 20 min de cuisson au bain-marie.

5. Sortez du four puis laissez refroidir avant de déguster.

PETITS FARS AUX PRUNEAUX

Pour 12 fars
15 min de préparation
40 à 45 min de cuisson

MATÉRIEL
Moule à muffins antiadhésif rigide avec 12 empreintes

INGRÉDIENTS : 80 g de farine de sarrasin • 100 g de farine d'orge ou de farine de blé intégrale • 100 g de sucre de coco • 4 œufs • 2 cuil. à soupe de rhum • 70 cl de lait demi-écrémé • 20 pruneaux dénoyautés • 1 pincée de sel

1. Préchauffez le four à 180 °C (th. 6). Mélangez les farines avec le sucre de coco, puis ajoutez le sel, les œufs et le rhum. Mélangez bien.

2. Faites chauffer le lait dans une casserole et intégrez-le progressivement à la pâte en mélangeant bien pour éviter la formation des grumeaux. La pâte doit être liquide.

3. Versez-la dans les empreintes du moule à muffins (beurrez légèrement les empreintes si votre moule n'est pas antiadhésif). Coupez les pruneaux en morceaux et répartissez-les dans les mini-fars. Enfournez pendant 40 à 45 min. Attendez 10 min avant de démouler. Dégustez tiède ou froid.

ASTUCE

Votre moule à muffins ne comporte que 6 empreintes ? Divisez les quantités par deux ou versez le reste de pâte dans un petit moule à manqué.

VARIANTE

Vous pouvez remplacer le lait de vache par du lait d'amande ou de soja.

INFO NUTRITION

Ce far constitue un dessert pauvre en graisses, riche en lait et en calcium. Consommez-le en dessert, au petit déjeuner ou en collation.

MINI-MOELLEUX AU CAFÉ

Pour 6 personnes
30 min de préparation
20 min de cuisson

MATÉRIEL
Batteur électrique
Moules à mini-muffins

INGRÉDIENTS : 5 cl de crème liquide • 1/2 cuil. à café de café instantané • 125 g de beurre • 2 œufs • 100 g de cassonade • 125 g de farine • 2 pincées de levure chimique • 1/2 cuil. à café de cannelle • 1 pincée de sel
Pour le glaçage : 100 g de chocolat noir • 25 g de beurre

1. Préchauffez le four à 160 °C (th. 5). Préparez la pâte. Faites chauffer la crème et délayez-y le café instantané. Faites fondre le beurre. Séparez les blancs des jaunes d'œuf. Fouettez les jaunes avec la cassonade jusqu'à ce que le mélange blanchisse. Ajoutez le beurre, puis la farine, la crème et la levure. La pâte doit être épaisse. À l'aide d'un batteur, montez en neige très ferme les blancs avec le sel. Ajoutez la moitié des blancs et mélangez-les vigoureusement à la pâte afin de la détendre. Versez le reste des blancs et la cannelle puis mélangez délicatement la pâte.

2. Graissez des petits moules à gâteau du type mini-muffins ou financiers ronds et garnissez-les de pâte. Enfournez pendant 20 min : les gâteaux doivent gonfler et dorer ; ils sont cuits lorsque la pointe d'un couteau enfoncée à cœur en ressort propre mais humide. Sortez du four et laissez les gâteaux tiédir avant de démouler.

3. Préparez le glaçage. Faites fondre le chocolat au bain-marie. Coupez le feu, ajoutez le beurre et mélangez jusqu'à ce qu'il soit complètement fondu. Trempez les gâteaux un à un dans le glaçage en les tenant par la base. Retournez-les et laissez le chocolat refroidir et durcir. Servez aussitôt ou réservez au frais.

CONSEILS

Si vous ne désirez pas faire un glaçage, saupoudrez simplement les gâteaux d'amandes effilées ou de noisettes décortiquées concassées avant de les enfourner. Par ailleurs, vous pouvez remplacer la cannelle par du gingembre.

COOKIES AU BEURRE DE CACAHUÈTES

Pour 12 petits cookies
15 min de préparation
30 min de repos

MATÉRIEL
Mixeur

INGRÉDIENTS : 120 g d'amandes en poudre • 120 g de beurre de cacahuètes • 150 g de dattes medjool dénoyautés (8 à 10 dattes environ) • 1 cuil. à café d'extrait de vanille liquide • 50 g de pépites de chocolat

1. Mixez tous les ingrédients, sauf les pépites de chocolat, à l'aide d'un petit mixeur. Mixez par à-coups jusqu'à l'obtention d'une pâte homogène.

2. Ajoutez les pépites de chocolat et malaxez la pâte à la main. Formez 12 boulettes et déposez-les sur une assiette au fur et à mesure.

3. Écrasez-les légèrement à l'aide d'une fourchette. Laissez reposer les cookies 30 min au réfrigérateur avant de servir.

BROWNIE

Pour 4 personnes
15 min de préparation
2 h de réfrigération

MATÉRIEL
1 petit moule de
15 cm de diamètre
4 ramequins
Mixeur

INGRÉDIENTS : 250 g de dattes medjool dénoyautées (environ 15 dattes) • 80 g de noix • 80 g de noix de cajou • 25 g de cacao amer en poudre • 3 cuil. à soupe de sirop d'agave • 1 pincée de sel

1. Si les dattes sont un peu sèches, faites-les tremper dans un bol d'eau pendant quelques minutes.

2. Dans un mixeur, déposez les noix, les noix de cajou, la pincée de sel et le cacao en poudre. Mixez puis ajoutez une datte après l'autre, puis le sirop d'agave.

3. Répartissez la pâte obtenue dans un moule recouvert de papier sulfurisé et tassez bien la pâte à l'aide d'une petite cuillère.

4. Laissez reposer pendant 2 h au frais avant de déguster.

NOTE

Laissez reposer le brownie pendant 15 min à température ambiante avant de le déguster, il sera encore plus fondant !

TARTELETTES AU CHOCOLAT ET À LA NOISETTE

Pour 6 à 8 personnes
40 min de préparation
25 min de Cuisso
3 h de réfrigération

MATÉRIEL
Moules à tartelettes
Billes de cuisson (facultatif)

INGRÉDIENTS : 230 g de farine • 1 pincée de sel • 50 g de poudre de noisettes • 100 g de sucre glace • 150 g de beurre doux • 1 œuf • 1 ganache au chocolat (voir recette p. 25) • 80 g de sucre en poudre • 2,5 cl d'eau • 100 g de noisettes

1. Réalisez la ganache au chocolat. Mettez le chocolat dans un cul-de-poule. Dans une casserole, faites frémir la crème liquide et le beurre puis versez le mélange sur la préparation. Laissez reposer 5 min, puis mélangez au fouet jusqu'à ce que la ganache soit homogène.

2. Réalisez la pâte sablée aux noisettes : tamisez la farine dans un saladier et ajoutez le sel et la poudre de noisettes. Formez un puits au centre et versez le sucre glace. Ajoutez le beurre coupé en morceaux dans la préparation. Malaxez du bout des doigts afin d'obtenir une belle pâte sableuse. Enfin, incorporez délicatement l'œuf entier. Formez une boule, enveloppez-la dans du film alimentaire et placez au frais pendant 1 h.

3. Préchauffez le four à 180 °C (th. 6). Divisez la pâte en 6 morceaux et abaissez chacun d'eux au rouleau à pâtisserie. Foncez 6 moules à tartelettes puis recouvrez-les de papier sulfurisé et de billes de cuisson (ou de haricots blancs secs). Enfournez pour 15 min de cuisson. Laissez refroidir avant de garnir chaque tartelette de ganache au chocolat. Placez au frais pendant 2 h.

4. Réalisez les noisettes caramélisées. Versez le sucre et l'eau dans une casserole et faites chauffer à feu moyen jusqu'à l'obtention d'un caramel clair. Versez les noisettes dans le caramel puis éteignez le feu. Mélangez bien afin d'enrober toutes les noisettes. Déposez des petits tas sur chaque tartelette.

CARRÉMENT CUISINE
DÉJEUNER AU BOULOT
hachette CUISINE

CARRÉMENT CUISINE
COCKTAILS & PUNCH BOWLS
hachette CUISINE

CARRÉMENT CUISINE
BOISSONS DÉTOX
hachette CUISINE

CARRÉMENT CUISINE
CUISINE DU TERROIR

CARRÉMENT CUISINE
GÂTEAUX WAOUH !
hachette CUISINE

CARRÉMENT CUISINE
VEGAN
hachette CUISINE

CARRÉMENT CUISINE
IG BAS
hachette CUISINE

CARRÉMENT CUISINE
CUISINE INDIENNE

CARRÉMENT
TARTES SOLEIL
& APÉROS À PARTAGER

CARRÉMENT CUISINE
TOUT LÉGUME
hachette CUISINE

CARRÉMENT CUISINE
APÉRO
hachette

CARRÉMENT CUISINE
THAÏ
hachette CUISINE

LA COLLECTION
CARRÉMENT CUISINE

APRÈS LE BOULOT
ASIE
BARBECUE ET PLANCHA
BÉBÉS DE 4 À 36 MOIS
CÉRÉALES ET LÉGUMINEUSES
CUISINE DU SPORTIF
ÉTATS-UNIS
ÉTUDIANTS
EXOTIQUE
EXPRESS EN MOINS DE 15 MINUTES
GÂTEAUX
GÂTEAUX MAGIQUES
GLACES ET DESSERTS GLACÉS
GRANDS CLASSIQUES DE LA CUISINE FRANÇAISE
GRANDES TABLÉES
CUISINE INRATABLE
JUS, SMOOTHIES ET MOCKTAILS
LIGHT
MAROC
MÉDITERRANÉENNES
NOËL
PÂTES
PIZZAS, QUICHES & CAKES
PLAT COMPLET AU FOUR
PLATS TOUT-EN-UN
POUR CE SOIR
SALADES
SANS GLUTEN
SOUPES
VEGAN
VEGGIE
VERRINES
VITAMINES
WOK
ET LA COMPIL' DES 1 000 RECETTES

Crédits des recettes :
Isabelle Guerre : pp. 12, 20, 30, 34, 42, 48, 52, 54, 176, 184, 196 ; Sophie Dupuis-Gaulier : pp. 14, 16, 18, 22, 26, 28, 32, 36, 38, 40,138, 142, 144, 148, 154, 156, 158, 160 ; Émilie Perrin : pp. 24, 64, 188, 190 ; Stéphanie de Turckheim : pp. 44, 46, 50, 66, 70, 72, 74, 76, 77, 78, 79, 80, 90, 92, 94, 96, 98, 100 ; Coralie Ferreira : pp. 56, 58, 60 ; Éva Harlé : pp. 68, 84, 86, 178, 182, 116, 117 ; Marie-Laure André & Ella Hagège : pp. 82, 168, 180, 186, 192, 200, 202, 212 ; Soizic Chomel de Varagnes : pp. 88, 204 ; Thomas Feller : pp. 104, 106, 108, 110, 112, 114, 116, 118, 120, 122, 124, 126, 128, 130, 132, 198, 208, 214 ; Mélanie Martin : pp. 136, 140, 146, 150, 152, 164, 166, 172, 174 ; Zoé ArmBruster : p. 170 ; Alexandra Beauvais : p. 206 ; Aurélie Desgages : p. 210 ; Juliette Lalbaltry : p. 220.

Crédits des photographies :
©Aline Princet : couverture, pp. 13, 20, 31, 35, 43, 48, 53, 55, 83, 169, 177, 179, 185, 187, 193, 197, 201, 203, 211, 213 ; ©Guillaume Czerw : pp. 15, 17, 19, 23, 27, 29, 33, 37, 39, 41, 139, 143, 145, 149, 155, 157, 159, 161 ; ©S'Cuiz'In : pp. 25, 45, 47, 51, 65, 67, 71, 73, 75, 77, 79, 81, 91, 93, 95, 97, 99, 101, 182, 189 ; ©Aimery Chemin : pp.57, 59, 61, 69, 85, 87, 217, 219 ; ©Nicolas Lobbestaël : pp. 89, 205 ; ©Rina Nurra : pp. 105, 107, 109, 111, 113, 115, 117, 119, 121, 123, 125, 127, 129, 131, 133, 199 ; ©Frédéric Lucano : pp. 137, 141, 147, 151, 153 ; ©Philippe Vaurès-Santamaria : pp. 165, 167, 173, 175, 209, 215 ; ©Zoé ArmBruster : p. 171 ; ©Bernard Radvaner : p. 191 ; ©Franck Hamel : p. 207 ; ©Emanuela Cino : p. 221.

La styliste, Isabelle Brouant, remercie Maisons du Monde.

Direction : Catherine Saunier-Talec
Responsable éditoriale : Céline Le Lamer
Responsable artistique : Nicolas Beaujouan
Responsable du projet : Elise Ernest
Fabrication : Amélie Latsch
Partenariats : Sophie Morier (smorier@hachette-livre.fr)

Dépôt légal : janvier 2019
75-7007-8/01
ISBN : 978-2-01-705981-3
Achevé d'imprimer en Espagne par Macrolibros.